京阪電鉄のひみつ

PHP研究所 編

巻頭インタビュー

京阪電気鉄道の魅力

関西で根強いファンが大勢いることで知られる京阪電気鉄道。発車メロディなど鉄道に関する音楽でおなじみの音楽館の向谷実氏もそのうちのひとりだ。ここでは同氏が鉄道ファンとして、京阪電車の魅力について語ってくれた。

向谷実（むかいや　みのる）
1956（昭和31）年東京都世田谷区生まれ。79年にフュージョンバンド「カシオペア」のキーボード奏者としてプロデビュー。85年に業務用録音機リースを手掛ける株式会社音楽館を設立した。鉄道会社向けに業務用の運転シミュレーターや、電車の発車メロディを制作。鉄道・音楽業界の御意見番として各種メディアで活躍している。

大胆な施策に魅せられ京阪ファンに

――向谷さんは、国民的フュージョンバンド「カシオペア」のキーボーディストとして長年活躍されるとともに、近年では鉄道に関する音楽作品やゲームソフトなども多数発表しておられます。関西の人気私鉄・京阪電気鉄道(以下京阪)においては、様々な活動を通じて同社のイメージアップに大きく寄与されておられます。向谷さんは京阪について、どのような印象をお持ちですか?

向谷 鉄道ファンとして、京阪は本当に魅力的な会社ですね。もちろん、近鉄、阪急、阪神、南海など他の関西私鉄も好きなのですが、京阪はいろんな意味で大胆な取り組みをしている印象が強いです。車両についてもテレビカー、5扉車、ダブルデッカー車などユニークな発想が際立っています。

――京阪とのご縁はいつ頃から始まったのですか?

向谷 鉄道ゲームソフト「Train Simulator」の開発を通じて、京阪の担当者とやりとりするようになったのがきっかけです。そのときは全線で何度も何度もかぶりつきをして、路線の特徴や特性を徹底的に洗い出していました。その際、担当の方たちにも僕の音楽に対する考え方を理解していただけたのかもしれません。2008(平成20)年に一新されることになった発車メロディの制作依頼をいただきました。当時、京阪では運行管理システムの更新を進めていたのですが、それに合わせて発車メロディも新しいものにすることが決定したとのことでした。

4パターンを用意した斬新な発車メロディ

――具体的にはどのような内容の依頼だったのですか?

向谷 特急列車と一般列車(特急以外の優等列車も含む)、さらに上りと下りの合計4パターンの作り分けを依頼されました。ホームごとに異なるメロディを採用することはあっても、列車種別によってメロディを変えるというのは現在に至るまで京阪でしか採用していない考え方です。最初にこの依頼をいただいたときは、その斬新さに驚いたものです。さらに、京阪からは各駅の演奏時間を8秒に固定してほしいとの依頼もありました。

――なぜ8秒なのでしょうか?

向谷 京阪が当時導入を進めていた新・運行管理システムでは、駅の出発信号機が青信号に変わる8秒前に、発車メロディが連動して流れ始めるという機能が導入されています。そのため、信号が青に変わるのとメロディが終わるのが同時になるとともに、メロディが流れ始めた瞬間はメロディが止まる8秒前ということになります。車掌さんの裁量によって数秒で演

奏が終わったり、ツーコーラス流れたりするような会社も多いのですが、それとは異なり、曲が流れ始めた瞬間からドアが閉まるまでの時間が十数秒になるため、無理な駆け込み乗車を防止する効果もあるのです。

——曲作りに際してはどんな苦労がありましたか？

向谷 駅ごとに異なる曲を用意するとともに、それぞれの曲をつなげるとひとつの曲になるというしかけがしてあります。50種類もの曲を作るとなるとどうしても似通ってしまうので、当初はメロディがダブらず雰囲気が異なるような楽曲作りに苦労しました。そこで、種別・方向別に制作する各曲をつなげると、ひとつの楽曲になる構成を思いついたのです。そのことにより、それぞれのメロディに微妙な変化を持たせ、全体で大きなストーリーを投影することにも成功したのです。

こだわりの音作りで芸術性を加味する

——曲調についてはどんな工夫をされたのでしょうか？

向谷 鉄道の駅は利用者にとってはあくまで通過点で、電車に乗るときに一時的に経由する場所なのです。ですので、メロディを完全な終止形とす

作曲中の向谷さん。鉄道からインスピレーションを受けて楽想を練ることも多いという

発車メロディが書かれた向谷さんの楽譜

JASRAC 出1401548-401

ると、これから電車に乗ってどこかに行こうという人の出鼻をくじいてしまうことになりかねません。そのため、曲作りの際にはその後も曲が続くような楽曲とすることを心がけました。もちろん、音楽的な区切りをつけるために、コードや旋律に様々な工夫を凝らしています。例えば、地下区間を走行する天満橋ではマイナー調としていますが、その隣の京橋駅は地上に位置するためメジャー調にして、両駅の雰囲気の違いを際立せるようにしています。また、中間駅のメロディは、間奏的なイメージになるよう心掛けています。

——音色やリズムについてはどんな工夫をされたのですか？

向谷 電子音的なサウンドにならないよう、極力"生っぽい"音にしようと思って制作しました。太鼓や鈴についても生の音源からサンプリングしています。さらに、メロディを手弾きで演奏し、人間らしさを出しました。音楽というのは機械を利用してきっちりとしたものになればなるほど、生理的な違和感が出てくるのです。きっちりした音リズムを刻むとパルスっぽくなり、どこか落ち着かなくなります。また、駅の発車メロディは利用

2014(平成26)年、リニューアルオープンしたくずはモール(KUZUHA MALL)。館内放送では向谷メロディが流れる(2月7日に撮影)

者にとって日常的に聞く音楽です。長期間聞いても違和感を生じさせないよう、グルーブ感(ノリ)を持たせています。

――制作途中、現地で音響テストをされたのですか？

向谷 スピーカーの性能などによって、実際聞こえる音はスタジオで制作したものと全く異なることがあります。ですので、事前のテストは必須であると言えます。幸いにも京阪の場合、音響施設についても新発車メロディ導入と同時に一新されることになっていたため、想定していた通りの音響が確認できました。試験は改良工事中の天満橋駅ホームだったのですが、利用者の方だけではなく、現地にいた京阪のスタッフの方も大いに注目して下さいました。

趣向を凝らしたくずはモールの館内メロディ

――向谷さんの発車メロディが採用された後にも、京阪は車両のカラーリングの変更や社章の変更など、イメージを大きく変えています。今後の京阪に望むことはありますか？

向谷 ダブルデッカー車など、車両に対するこだわりはぜひ残してほしいです。臨時列車でもいいので、本線から交野線や宇治線に乗り入れる優等列車を復活させてほしいですね。できればヘッドマーク付きで(笑)。あと、京阪間ノンストップ特急もぜひ復活させてほしいものです。乗るだけで満

「京阪愛」を熱く熱く語る向谷さん

腹になる京阪の持ち味をますます磨いてほしいですね。
——京阪の沿線で、どこかお好きなところはありますか？
向谷 京阪は日本有数の観光都市である京都と大阪を結んでいるだけのことはあり、沿線には実に多くの見どころがあります。個人的には中書島〜伏見桃山〜丹波橋あたりの雰囲気がとても気に入っています。歴史的な名所も数多くありますし、日本有数の酒どころでもあるので、街歩きがとても楽しいです。
——向谷さんは、2014（平成26）年3月にリニューアルオープンした京阪系の商業施設「くずはモール」（最寄り駅：樟葉）の館内放送の音楽も担当されているとのことですが、どのような特徴がある楽曲なのですか？
向谷 地域の人たちに長らく親しまれてきた旧「京阪くずはモール街」の開業当時のシンボルだった「鐘の塔」の音色をサンプリングして制作し

くずはモールの鉄道ミュージアム「SANZEN-HIROBA」の制作にもたずさわった

ました。BGMに鐘の音をミックスしたチャイムは開館・閉館時に加えて、12時、15時、18時の3回、ゾーンごとに異なる音色の「時報サウンド」として流しています。買い物をしているお客さんやそこで働いているみなさんの生活の一部となるように心がけています。

――向谷さんらしい、斬新な試みですね。

向谷 18時の曲は樟葉駅の発車メロディと類似した楽曲を採用して鉄道との連動性を演出したほか、ストリングス（弦楽器）バージョン、ブラスバージョンを用意し、さらに季節ごとに音源が変わるなど、サウンド的にもこだわっています。

――モール内の「SANZEN-HIROBA」も向谷さんが関わっておられるとお聞きしました。

向谷 こちらには旧3000系特急用車両（テレビカー3505号車）が1両展示されているのですが、こちらの「デジタル動態保存」を担当しました。展示車両は動かないものの、運転操作に合わせて画像や走行音が流れるというもので、本当に線路上を走行しているかのようなリアルな運転や乗車体験が楽しめるようになっています。そのほか、8000系の運転シミュレーターのプロデュースも担当しました。鉄道ファンや京阪沿線の方にぜひ訪れていただきたいと思っています。

「びわこ号」の動態保存をバックアップ

――読者の方にメッセージがありましたらお願いいたします。

向谷 今、昭和初期に活躍した京阪伝説の名車「びわこ号」の復活活動に

流線形のデザインが今も新鮮。「びわこ号」は鉄道史に残る名車だ　写真提供：RGG

力を入れています。「びわこ号」は現在京阪の寝屋川車庫で静態保存されているのですが、これを寝屋川市の市民主導で復活運転しようというプロジェクトが動き始めています。僕も中川家の礼二さん（お笑い芸人）や、斉藤雪乃さん（鉄道アイドル）とともにアドバイザーとしてこの活動をバックアップしています。

――あの「びわこ号」が復活するなんて、考えただけでもわくわくしますね。

向谷　そうですよね。プロジェクトを盛り上げるため、イベントも随時実施していますので、寝屋川市ホームページの特設サイトをチェックしてくださいね。

――最後に、京阪のスタッフの皆さんにメッセージがありましたらお願いします。

向谷　「Train Simulator」を制作している際に強く感じたのは、京阪のスタッフの皆さんの自社の路線や車両に対する愛着の深さです。自社の鉄道事業を心から愛している様子を見てとても感銘を受けました。今後も、その精神を忘れずに仕事に邁進していただきたいですね。

Contents

巻頭インタビュー
京阪電気鉄道の魅力　向谷 実 ……………………… 2

1章　ますます躍進する京阪電気鉄道

日本初が目白押しの新しいもの好きな私鉄 …………………… 16
優れた走行や乗り心地の背景にあったのは日本初の技術の数々 ……18
周辺エリアの個性が見えてくる駅造りを徹底し安全性を確保 ……20
役割分担されたかのようなほど場所によって性格は大いに異なる ……22
歴史的名所・自然探索・遊園地　沿線にはレジャー・観光施設が充実 ……24

2章　京阪電気鉄道の路線のひみつ

京阪の列車種別にはどんなものがあるの？…………………… 28
京阪電気鉄道の基幹路線　京阪本線(淀屋橋〜守口市) ……… 30
複々線区間が終わり郊外へ　京阪本線(守口市〜枚方市) …… 32
沿線には観光名所や競馬場が点在　京阪本線(枚方市〜中書島) …… 34
風情がある京都の中心部　京阪本線・鴨東線(中書島〜出町柳) … 36
駅施設に不燃性木材を多用　優等列車はラッシュ時のみの中之島線 … 38
通勤・通学と行楽の2つの顔を持つ交野線 ……………………… 40
宇治線は歴史的な名所や旧跡に観光客を運ぶ観光路線 ……… 42
京都の洛東と湖都の大津を結び京都市営地下鉄に直通する京津線 …… 44
2両編成の小さな電車が琵琶湖沿いを走る石山坂本線 ……… 46
絶景を眺望する山頂へ3分で運んでくれる鋼索線 …………… 48
京阪の未成線にはどんな路線があるの？……………………… 50

3章 京阪電気鉄道の駅と車両基地のひみつ

淀屋橋駅　1面3線の地下駅だがのりばは4番線まで設けられる ……54
天満橋駅　1963年に地下駅化 京阪シティモールと直結したターミナル ……56
京橋駅　1日17万8,805人が利用 京阪最大の乗降客数を誇る ……58
中之島駅　無垢の木材とガラスを多用 水都・大阪に「和」のテイストを表現 ………60
守口市駅　格子戸のトリックを生んだ江戸川乱歩ゆかりの高架駅 ……62
西三荘駅　関連工場や事業所が建ち並ぶパナソニックの"門前駅" ……64
門真市駅　タイガー魔法瓶、東和薬品などが本社を構える ……66
寝屋川市駅　1日6万8,400人の乗降客数は京橋、淀屋橋、枚方市に次いで4番目 ……68
枚方市駅　交野線の始発駅で行楽用快速特急以外の全列車が停車する ……70
私市駅　交野線の終着駅 駅名は皇后領の「私部」に由来 ……72
樟葉駅　高級住宅地として知られるくずはローズタウンの下車駅 ……74
中書島駅　龍馬ゆかりの寺田屋も近い京阪本線と宇治線の接続駅 ……76
宇治駅　私鉄の駅として初めてグッドデザイン賞に輝く個性派駅 ……78
丹波橋駅　すべての列車が停車する伏見桃山城へのアクセス駅 ……80
三条駅　今も拠点駅の機能を持つかつての京阪本線終着駅 ………82
出町柳駅　地下は京阪本線出町柳駅 地上は叡山電鉄出町柳駅 ……84
京阪山科駅　山科盆地の北部に位置し東海道本線と連絡する京都東の玄関 ……86
浜大津駅　大津市の玄関口で京津線、石山坂本線の分岐駅 ……88
石山寺駅　石山坂本線の起点駅で名刹・石山寺の最寄り駅 ……90
坂本駅　石山坂本線の終着駅 比叡山延暦寺の最寄り駅 ……92
寝屋川車庫　京阪最大の車両基地 広さは甲子園球場の3個分 ……94
淀車庫　改良工事が進められる京阪電鉄の中核車両基地 ……96
錦織車庫　京阪大津線23編成62両のすべての検査を担当 ……98

4章 京阪電気鉄道の車両のひみつ

現役車両
2階建て車両もある転換クロスシートの特急車　8000系 ……102
大型のスラッシュ・ムーンを掲げる最新型の一般車　13000系 ……104
3扉・クロスシートで通路も広い汎用車　2代目3000系 ………106
7200系と同じ顔を持つ低床タイプの一般車　10000系 ……108

現役車両

- 登場時はセミクロスシートだったVVVF一般車　9000系……110
- VVVFインバータ制御車の初期バージョン　7000系・7200系……112
- 界磁位相制御を導入　大量に製造された一般車　6000系……114
- ラッシュ時は5扉、昼間は3扉で活躍する一般車　5000系……116
- 名車スーパーカーの車体をリサイクルした一般車　2600系……118
- 車体を補修して今なお現役の初期高性能車　2200系・2400系……120
- 珍しい車体デザインを今も保っている一般車　3代目1000系……122
- 京都の地下鉄に乗り入れる京津線の専用車　2代目800系……124
- 直立した前面にパノラミックな窓を持つ大津線車両　3代目700形……126
- 流線形ふうの先頭部がスマートな大津線車両　3代目600形……128

引退車両

- スタイルのよさと快適さで人々を魅了した特急車　初代3000系……130
- 淀屋橋直通のシンボルとなったテレビカー特急車　1900系……132
- 高性能電車の先駆けとなったテレビつきの特急車　初代1800系……134
- 戦後の京阪本線に登場した初の特急専用車　1700系……136
- 戦前の京阪線に登場した流線形のクロスシート車　2代目1000形……138
- 昭和初期に登場した画期的なロマンスカー　初代600形……140
- 路面電車のサイズを初めて捨てた一般車　初代500形……142
- 鉄道線と軌道線の直通運転を成し遂げた名車　60形びわこ号……144
- 大津線のイメージを京阪線に近づけた傑作車　260形……146
- 急勾配に強かった京津線のスーパーカー　2代目80形……148
- 戦後特急色と京阪グリーンの流れを汲む新しい車体カラーリング……150

5章　京阪電気鉄道トリビア

- 京阪電鉄のトンネル・橋梁にはどんなものがあるの？……154
- 「京阪のる人、おけいはん。」関西タレントにとってはスターダムへの登竜門……156
- 鉄道と水上バスを使って新旧大阪の魅力を存分に……158
- 琵琶湖周遊の主役は「ミシガン号」ロマンチックなクルーズが大人気……160
- 大阪、京都の広範な路線網を持つ京阪バスの実力……162
- 京阪グループの宿泊施設にはどんなものがあるの？……164
- 「麺座」「京阪レストラン」ってどんな飲食施設なの？……166
- 京阪グループ「ひらかたパーク」の上手な遊び方……168

沿線密着型「京阪百貨店」「くずはモール」の楽しみ方 ……… 170
京阪・南海のコラボで登場 駅ナカショップ「アンスリー」 …… 172
京阪グループが開発した住宅都市にはどんなものがあるの? … 174
心豊かに暮らすための2つの味方「京阪園芸」と「オイトコ」… 176
京阪の鉄道模型製品にはどんなものがあるの? ……………… 178
京阪の映像製品にはどんなものがあるの? …………………… 180
京阪のグッズにはどんなものがあるの? ……………………… 182
ローカル私鉄で活躍する初代3000系特急車たち …………… 184
沿線おでかけ情報「おけいはん.ねっと」の活用法 …………… 186
「おけいはんポイント」ってどんなポイントなの? ……………… 188
愉快軽快『京阪特急♪』聴けば当時の沿線風景が浮かび上がる …… 190
京阪電鉄の保安設備にはどんなものがあるの? ……………… 192

6章 京阪電気鉄道の歴史

大阪・天満橋〜京都・五条間に京阪電気鉄道が開業 …………… 196
京津電気軌道の併合と宇治支線の開業で路線を拡大 ……… 198
ノンストップ急行の運転と都市間輸送の強化 ………………… 200
北大阪電気鉄道の開業と電力供給事業への進出 …………… 202
新京阪線の開業とロマンスカーの運転 ………………………… 204
複々線化の推進と京阪神急行電鉄への統合 ………………… 206
京阪神急行電鉄からの分離 進む戦後復興 …………………… 208
輸送力の増強と車両の近代化 ………………………………… 210
沿線開発の促進と百貨店業への進出 ………………………… 212
念願の鴨東線の開業と輸送力の改善 ………………………… 214
サービスの拡充と中之島線の開業 …………………………… 216
21世紀の京阪電気鉄道 ………………………………………… 218

Index ……………………………………………………………… 220
参考資料 ………………………………………………………… 223

※本書の内容は、特に明記のない場合2014年2月時点の情報に基づいています。

1章

ますます躍進する京阪電気鉄道

私鉄王国である関西地方にあって、京阪電気鉄道は古くから独特な存在感を放っています。年間の輸送人員は2億7,826万2,000人、車両走行キロは9,275万5,000kmに及び、関西地方の経済の牽引役としての役割を全うしています。さらに、沿線では関連企業による観光施設、商業施設の整備も進められており、沿線文化の担い手としても機能しています。

写真提供：河野孝司(2枚とも)

日本初が目白押しの新しいもの好きな私鉄

梅田・難波や京都中心部などの大規模ターミナルにはアクセスしないものの、住民や観光客が集まるエリアを逃さずに結ぶ京阪。そのバックを支えたのが、日本初や関西初の様々な試み。車両、駅、線路に至るまで広範囲に及びます。

急行も土曜ダイヤも空気バネも京阪が日本で最初

　京阪は、先陣を切った事項がとても多い、チャレンジ精神あふれる鉄道会社です。1914（大正3）年に日本初となる急行運転の開始、翌年の1915（大正4）年には**色灯三位式自動閉塞信号機**を日本で最初に使用。関西初の地下鉄開業も京阪で、1931（昭和6）年の出来事です。京阪は特に車両が注目で、転換クロスシート、直流複巻モーターによる回生ブレーキ付き電車、連接車、空気バネの実用化のいずれも、京阪が日本初です。

　1954（昭和29）年には、関西で初となるテレビカーの運転を開始。1967（昭和42）年には、ATSによる運転を関西民鉄では最初に開始しました。土曜ダイヤは、京阪が1980（昭和55）年に開始したのが日本で最初です。「ひらかたパーク」は、2000（平成12）年に日本で初めてISO14001認証を取得します。2004（平成16）年には、会社全体でISO14001認証を獲得しますが、これは鉄道会社としては日本初です。優先車両の導入も早く、1954（昭和29）年から女学生・児童優先車を運行しています。

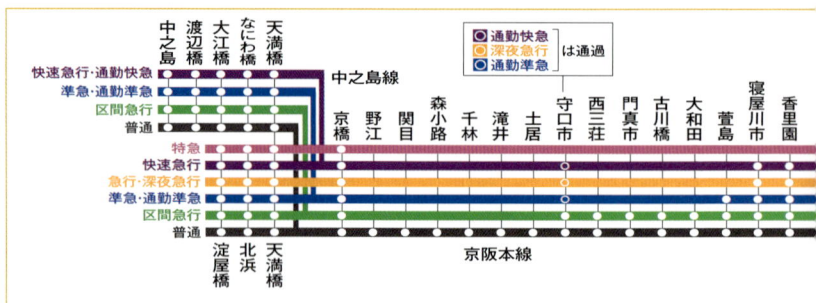

停車駅・路線図

地域の環境に配慮した開発により
鉄道会社では日本で初のISO14001認証を取得

ニュータウンや商業施設を建設

　京阪は沿線開発を堅実に行ってきました。香里園駅周辺は高級住宅地の開発のほか、東洋一の規模と言われた香里園ニュータウンを誘致します。1967（昭和42）年には日本初の官民一体型のニュータウン「くずはローズタウン」の開発を始め、1972（昭和47）年には日本初の広域型ショッピングセンター「くずはモール街」を開業します。日本を代表する大手企業も沿線に多数存在します。千林駅前でダイエーは創業し、パナソニックの本社は西三荘駅近くにあり、三洋電機は守口市駅近くで創業しました。

　京阪は1906（明治39）年に創立し、1910（明治43）年に天満橋〜五条（現・清水五条）間を開業。淀屋橋まで悲願の乗り入れを果たしたのは1963（昭和38）年になってからです。1989（平成元）年には出町柳まで延伸し、2008（平成20）年には天満橋から枝分かれして中之島まで行く中之島線が開業しました。

　一方、京津線は1910（明治43）年発足の京津電気軌道が、石山坂本線は1913（大正2）年開業の大津電気軌道が、やがて京阪と合併、2010（平成22）年には100周年を迎え、総路線長が91.1kmとなりました。

色灯三位式自動閉塞信号機……信号機の先にある2つの閉塞（一定の）区間以上の進み方を示す信号機のこと。天満橋〜五条間でアメリカ製のものを京阪が使ったのが日本では初。その後、国鉄（現・JR）なども取り入れていきます。

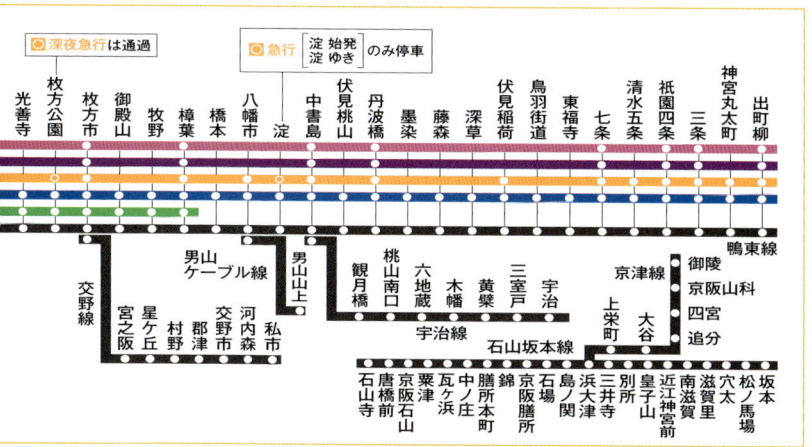

優れた走行や乗り心地の背景にあったのは日本初の技術の数々

日本初が多い京阪ですが、それは車両にもっとも当てはまります。勾配のきつい坂やカーブが多いという悪条件に備えた技術もあれば、空気バネや転換クロスシートなど快適な乗車を重視した"おもてなし"もあります。

坂道や急カーブにも回生ブレーキや連接車で難なく対応

　京阪は車両にも日本初の試みが多く、技術力の高さが感じられます。1927（昭和2）年に製造された1550形は、方向転換が可能な転換クロスシートを搭載した車両としては日本で第1号です。1933（昭和8）年に投入された50形は、日本初の直流複巻モーターによる回生ブレーキ付き電車。50形は京津線内の険しい峠を上り下りするため、優れたブレーキ性能が求められていました。回生ブレーキとは、モーターを発電機として作動させて、そこで発生した抵抗でブレーキをかける方式です。

　1934（昭和9）年に登場した60形は、日本で初となる連接車。連接車とは、台車が連結部に設置されたもので、2つの車体を同時に支えます。連接車にすることで、カーブ通過時にカーブの外側への車体のはみ出しが少なく、騒音源となりがちな台車を車端部にできるために車内が静かになります。急カーブが続く京津線を走行する60形に、連接車はうってつけの仕組みでした。

　1957（昭和32）年になると、**空気バネ**を日本で初めて採用した1810系が登場。軸バネ（台車と輪軸〈車輪と車軸〉を結ぶバネ）が空気バネである、汽車会社（現・川崎重工）が開発した台車KS-50形のテストを、1956（昭和31）年から京阪は開始していました。この実験の結果を基に、枕バネ（車体と台車をつなぐバネ）を空気バネとしたKS-51形台車を開発し、1810系に搭載したのです。

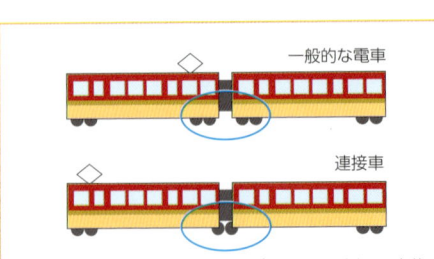

2両の車両を同時に支え、カーブのときに外側への車体のはみ出しが少なくなる。現在も小田急ロマンスカーの一部や江ノ島電鉄の車両は、連接車を採用している

最近はデザインも斬新なものを提案「ローレル賞」「グッドデザイン賞」を受賞

上／5000系を閑散時に運用するときは、第2ドアと第4ドアに座席が設置される　写真提供：河野孝司　右／3000系は栄誉ある賞を受賞。8000系とともに京阪の2枚看板だ　写真提供：坪内政美

特急料金が不要で最高級のサービスを提供

　追加料金が不要でありながら、グレードの高い車両に乗れる特急も京阪の魅力です。テレビの設置（現在はサービス停止）、2階建て車両、広めの窓などが人気を呼んでおり、8000系が役目を担っています。その8000系や800系には、ノルウェーのエクネス社製のイスが使われ、座り心地も評判です。

　ユニークな設計の車両もあります。片側を5扉とすることで停車時の出入りに強い5000系は、通勤ラッシュ向けです。しかし、昼間は座席を増やすために前から2番目、4番目の扉を締め切って、これらの前に座席が設置されます。この座席はラッシュ時、扉の上方に隠れています。

　路面を走る800系は、車体下部にLED照明を付けることで、近くにいる自動車や歩行者からの視認性を高めています。ラッピング列車もバラエティに富んでおり、絵本「きかんしゃトーマス」、アニメ「けいおん！」、新選組、パトカーなどあらゆるものがモチーフにされました。中之島線開業に合わせて、2008（平成20）年には3000系が登場。2＋1列の座席により、ラッシュ時も昼間も居住性が高くなっています。墨色のタイルの床、木目調の貫通扉、半間接照明などシックなデザインも印象的。「ローレル賞」に加え、「グッドデザイン賞」も受賞しました。

空気バネ……ゴムタイヤ状の容器の中に圧縮した空気を入れて、ゴムと空気の弾性により、バネ作用を得るもの。振動を強く感じないことから、快適な乗り心地が実現できます。自動車などにも使われています。

周辺エリアの個性が見えてくる
駅造りを徹底し安全性を確保

京阪の駅には清水寺に近いことを思わせる清水五条という駅名もあれば、なにわ橋のようにLEDが光る壁面で都会的雰囲気を出す駅もあるなど、駅のプロデュース法はさまざまです。

カーブや傾斜のある駅も安全性を確保

「カーブ式会社」の異名を持つほどカーブの多い京阪は、すべて直線という駅のホームのほうが稀。そこで、国の定めの倍厳しい基準で脱線防止ガードレールを設置。また、ホームと電車の間には隙間ができますが、乗客が万が一転落した際に検知して警報が鳴るシステムを導入している駅もあります。たとえカーブが多かろうと、利用客が集まる場所であれば、安全性を確保した上で駅を次々と設置しているのです。

坂が多い京津線にある大谷駅は、勾配が40‰（パーミル）（1km進むと40mの高低差が発生）もあります。そこでベンチの左右で脚の長さを変えたり、ブレーキの緩みで動き出す危険性を低くするため停車時間を短くするなどの工夫がされています。

このように不利な条件を克服するよう最大限の努力をするのが京阪ですが、その代表格が淀屋橋駅。1964（昭和39）年に日本初となる駅冷房を設置した実績もさることながら、ひとつのホームに2編成が縦列停車します。限られた用地の中で、多くの車両を停車させる策なのです。浜大津駅は、京津線と石山坂本線が接続するものの、各々のホームが離れていました。しかし、1981（昭和56）年に統合されて乗り換えがしやすくなりました。

左／京阪は「京阪電気鉄道カーブ式会社」ともいわれるほど、曲線が多い。電車は短い直線を活かして、スピードアップを図る　右／京津線の電車は急カーブや併用軌道、地下鉄にも乗り入れることができる万能な車両だ　写真提供：坪内政美（2枚とも）

中之島線では沿線の駅で
文化を新たに作り出す

急速な変貌を見せたのが、樟葉駅周辺。ショッピングモール、ニュータウン、大学などが建設され、特急の停車駅にまで成長。1日の乗降者数は全駅中、第6位です（2011年11月調べ）。

ホームのど真ん中に大木!? 地域の要望に応える

　京阪では観光客の誘致も進めており、駅名を変更しました。清水寺に近い五条駅は清水五条駅に、祇園エリアが目前の四条駅は祇園四条駅に、平安神宮の最寄りの丸太町駅は神宮丸太町駅に、2008（平成20）年に一斉に変えました。それに伴い、京都駅からJR奈良線で東福寺まで行き京阪に乗り継ぐ案内を、JRにもお願いしています。

　変わった駅ですと、高架駅である萱島駅。クスノキの大木がホームと屋根を突き抜けて下から伸びているのです。この木は駅の真下にある萱島神社の御神木で、駅が現在の場所に建設される際に保存を望む市民の声により残されたのです。こうして萱島駅は、大阪市から都市景観建築賞の奨励賞が贈られるほか、国土交通省近畿運輸局から近畿の駅百選にも認定されました。茶団子をイメージした6連の丸窓の宇治駅も必見です。

　中之島線の駅は周辺エリアとの調和が図られています。**なにわ橋駅**では中央公会堂をイメージさせるレンガ調の素材を、大江橋駅では日本銀行などを彷彿とさせる自然石を、渡辺橋駅では再開発が著しい未来的な雰囲気から金属を、終点の中之島駅では中之島線全体の象徴ということで木を各々使用しています。中之島線には個性豊かな駅が多いのですが、全駅の改札外コンコースに不燃材の認定を受けた木やガラスを使うことで、統一感も出しています。

左／萱島駅ではクスノキがホームの屋根を突き抜けて伸びている　写真提供：高松大典
右／燃えない建設材料で造られた中之島駅の駅入口　写真提供：河野孝司

なにわ橋駅……駅周辺の地下1階には、アトリエやセミナーに使われるスペース「アートエリアB1」も開設。円弧状の壁面をLED付きガラスで覆い尽くした出入り口は、世界的建築家・安藤忠雄の設計です。

役割分担されたかのようなほど 場所によって性格は大いに異なる

沿線の個性は場所により様々。高層ビル群が立ち並ぶ大阪都心部、大企業やニュータウンのある大阪郊外、自然あふれる交野、歴史的名所が密集する京都、山と湖が目前に迫る滋賀など、多岐にわたります。

美術館、商業施設、植物園もあり、休日は大阪都心部へ

　天満橋駅から御堂筋線と接続する淀屋橋駅、あるいは中之島駅までは、大阪の経済の中心地。大阪市役所などの官公庁、日本銀行大阪支店をはじめとする金融機関、リーガロイヤルホテルやアパホテルなどの宿泊施設、大手企業各種が立ち並ぶため、オフィス街という印象が強いでしょう。ただし、国立国際美術館、大阪市立科学館などギャラリーも点在します。また、渡辺橋駅の近くにはレストランを中心に店舗も入った高さ200mの超高層ビル・中之島フェスティバルタワーが、なにわ橋駅周辺には約310種のバラが咲き誇る中之島バラ園などもあり、プライベートでも楽しめるエリアなのです。中之島駅から先は、JR西九条駅までの乗り入れも計画されており、阪神沿線からのアクセスも便利になりそうです。

　京橋駅近くでは名将・豊臣秀吉が築いた大阪城がそびえ立つ姿に出合えます。京阪本線はその先、京都方面へは京街道に基本は沿うかたちで進みます。天満橋駅から寝屋川信号所（萱島〜寝屋川市間に位置する）までは複々線となっており、全国でも屈指の過密ダイヤの区間です。

　門真市はパナソニックゆかりの地。西三荘駅近くにはパナソニックの工場群が林立しています。

左／大阪市役所へは京阪淀屋橋と大江橋が最寄り駅　右／京阪の複々線区間は寝屋川信号所〜天満橋間。特急の運転席の後ろに立って前を見るとさまざまな電車とすれ違い、普通列車を追い越していく　写真提供：河野孝司(2枚とも)

川を渡るごとに車窓の風景は表情が次々と変化する

上／京橋〜天満橋間では大川を渡り、賑わいのある水の都の風景が見られる　写真提供：河野孝司　左／くずはモールは百貨店を中心としたショッピングセンター　写真提供：坪内政美

天下の台所・大阪と古都・京都のコントラストを体感

　人口密度が大阪府の市で第2位の寝屋川市は、遠方からも人が集まる成田山不動尊ほか、寝屋川まつりやいきいき元気・健康まつりなどで地元客が集う打上川治水緑地もあり、人の行き来が盛んな市です。枚方市周辺は京阪百貨店や商業施設が立ち並ぶ都会ですが、ここからは登山の玄関口であり自然豊かな地にある私市駅へ交野線に乗り換えて約15分で向かうこともできます。樟葉駅までは大阪府で、沿線は商業施設やニュータウンのイメージが強いのですが、橋本駅からは京都府に入ることもあってか、歴史的名所が目立ってくる感じです。八幡市駅からすぐの石清水八幡宮、宇治駅に近い平等院、伏見稲荷駅の目の前の伏見稲荷大社などがその代表でしょう。七条駅からは地下に入り、京都の都心部へ近づいたことがわかります。

　京阪の車窓からの風景と切っても切り離せないのが川。天満橋駅から地上に出ると寝屋川、八幡市〜淀間では木津川と宇治川、中書島〜伏見桃山間では濠川に出合えます。寝屋川周辺は高層ビル群が立ち並ぶ大都会、木津川と宇治川は豊かな自然、濠川には伏見の酒蔵や坂本龍馬に関係する寺子屋など歴史的建造物が点在するなど、川によってその表情は様々です。

　京津線と石山坂本線沿線はまた、他の京阪の路線とは違った風景を見せます。峠を越え、道路や琵琶湖沿岸を走り、延暦寺や石山寺へアクセスするなど、観光色と豊かな自然が両方味わえる地域をカバーしています。

 京街道……大阪(旧・大坂)の京橋から京都の四条縄手(現・東山区)まで、淀川左岸を進む街道。豊臣秀吉が毛利一族に命じて作らせた文禄堤がそのルーツ。京橋から伏見までは、守口、枚方、淀、伏見の4つの宿場が設けられました。

歴史的名所・自然探索・遊園地
沿線にはレジャー・観光施設が充実

京都の中でも屈指の観光地、清水寺や下鴨神社といった世界遺産へも、京阪でアクセスできます。また沿線には、伏見稲荷大社を筆頭に、広く知られる初詣スポットも集中。一方で、テーマパークや山々もあります。

世界遺産、初詣スポットなど歴史的建造物が盛りだくさん

　京阪沿線は、歴史的名所が非常に多くなっています。出町柳駅は世界遺産・下鴨神社、京都御所が近いです。叡山電車に乗り換えれば、全国に約450社ある貴船神社の総本社、牛若丸が修行した地でもある鞍馬寺に行けます。祇園祭で有名な八坂神社、花街・先斗町ほか京都一の繁華街・河原町へは祇園四条駅が便利。七条からは千手観音立像が計千体並ぶ三十三間堂へ行けます。

　初詣スポットも目白押し。朱に塗られた柱が鳥居を彷彿とさせて印象的な伏見稲荷駅からは、初詣客数全国第3位（2012年調べ）の伏見稲荷大社が目の前に。日本三大八幡宮のひとつであり、『徒然草』にも登場する石清水八幡宮へは、**八幡市駅**から出ている鋼索線の男山ケーブルで入口までアクセスできます。成田山新勝寺の関西唯一の別院として名高い成田山不動尊は、香里園駅からバスで行けます。

　中書島駅周辺は水運で栄えた街であり、駅の南西には伏見港の復元模型などを飾る三栖閘門資料館があります。黄檗駅からは、明の僧・隠元が開いた萬福寺に行けます。宇治駅周辺も、観光地が盛りだくさん。世界遺産であり10円玉のモデルでもある平等院ほか、源氏物語ミュージアム、宇

上／鞍馬寺や貴船神社へは出町柳から叡山電車が便利　右／男山ケーブルで石清水八幡宮へ。男山山上の展望台からは絶景を楽しめる　写真提供：河野孝司(2枚とも)

沿線住民に限らない集客力を備える注目のスポットが沿線に集中

関西屈指の人気を誇るひらかたパークは、数々のイベントで入場者を楽しませてくれる　写真提供：河野孝司

京阪淀屋橋駅と天満橋駅からは大阪の水上バス「アクアライナー」に乗船することができる　写真提供：河野孝司

治茶が飲める茶店も点在します。天皇賞（春）や菊花賞の開催でお馴染みの京都競馬場の最寄りの淀駅へは、臨時列車が運行することもあります。

「ひらかたパーク」は遊園地として日本で最古

　枚方公園駅下車で行ける「ひらかたパーク」は、大菊人形でその名を広めてきました。創業以来継続して営業している遊園地としては日本最古を誇ります。最近はキャラクターショーや芸人起用の宣伝が話題を呼び、USJに次いで大阪府では年間入場者数が第2位となる遊園地にまでなっています。また枚方は、淀川の船着場があり、三十石船が江戸時代と同じコースをたどるツアーを行っています。天満橋駅前からは、水上バスに乗ることができます。交野市は織姫ゆかりの機物（はたもの）神社があり、七夕伝説発祥の地と言われています。また、村野駅前をはじめ桜の名所も点在。私市駅は生駒の山々が目前に迫り、ハイキングも楽しめます。

　京橋や淀屋橋周辺は商業施設が多く、買い物に便利。淀屋橋駅から大阪市営地下鉄御堂筋線に乗れば、再開発が著しい梅田、道頓堀やなんばグランド花月のある難波へも自在に行けます。滋賀方面では、上栄町駅付近に百人一首でお馴染みの蝉丸（せみまる）を祀（まつ）る関蝉丸（せきせみまる）神社があります。石山寺駅からは、清水寺や奈良県の長谷寺と並ぶ観音霊場として知られる石山寺へアクセス可能。坂本駅を降りて比叡山鉄道・坂本駅へ向かえば、延暦寺へ延びるケーブルカーを利用できます。

八幡市駅……駅周辺には、エジソンが白熱電球に使った竹の産地ということでその記念碑や飛行原理を解明した二宮忠八翁が創設し航空業界の安全と発展を願う飛行神社も。また、男山ケーブルからは木津川、宇治川、桂川が一望できます。

2章

京阪電気鉄道の
路線のひみつ

京阪電気鉄道は大阪府、京都府、滋賀県の2府1県に全長91.1kmの路線網を有しています。本線には関西私鉄最長の複々線区間があり、ダイナミックな走行シーンを堪能できます。支線区とのネットワークの緊密化も図られ、乗客本位のダイヤには定評があります。この章では京阪の各路線の概要をご紹介するとともに、その魅力に迫ります。

写真提供：河野孝司（2枚とも）

京阪の列車種別にはどんなものがあるの?

京阪では9種類の定期列車種別を6つの案内色で色分けして表示しています。2008(平成20)年10月の中之島線開業時には10種別が設定され、特別料金不要の大手私鉄では最多となりました。

6色に色分けされた9つの列車種別

　京阪の定期列車は9種別が存在し、利用者に分かりやすいよう案内色を6色に色分けしています。種別と案内色(地色)は最速列車から「特急」が赤、「通勤快急」・「快速急行」が紫、「深夜急行」・「急行」が橙、「通勤準急」・「準急」が青、「区間急行」が緑、「普通」が黒です。快速急行以外は南海電気鉄道と同じ列車種別と案内色を使用していますが、そのうち準急と区間急行の格付けが逆になっています。停車方式は準急が南海の区間急行に、区間急行が南海の準急に準じています。英語表記も京阪の準急と南海の区間急行が「SUB EXPRESS」、京阪の区間急行と南海の準急が「SEMI EXPRESS」と逆転していることも特徴です。

　列車種別はLED表示も含めて方向幕が使用されていますが、教習中の場合は「教」と書かれた丸形の方向板を掲げて運転されます。また、方向幕とは別に先頭車両前面の前部下部標識灯(**通過標識灯**)でも大まかに識別できます。標識灯は特急と通勤快急、快速急行は両側とも点灯し、急行、深夜急行、準急、通勤準急、回送、試運転は右側のみ点灯、区間急行と普通は消灯します。

左／「深夜急行」は京阪だけにしかない列車種別で、上り1本のみ　右／早朝・深夜には、特急用車両の8000系が普通の運用につくことがある　写真提供：河野孝司(2枚とも)

かつては大手私鉄最多の10種別が存在
深夜急行は京阪独自の列車種別

特急	京阪本線の最優等列車。朝ラッシュ時と深夜を除き、出町柳〜淀屋橋を直通する。車両は2階建て車両が連結されている特急用の8000系が運用に入るが、3000系や9000系、6000系などの3扉車が使われることもある。現在、京阪伝統の「鳩の特急マーク」は、8000系にだけ掲出。
快速急行	枚方市駅を境に京都方面では特急と同じ停車駅で、大阪方面では枚方公園は通過するが、急行と同じ役割を果たす。朝・夕のラッシュ時は中之島発着、夜間は下りの淀屋橋行きに限って運転される。
通勤快急	平日の朝ラッシュ時に、守口市を通過し、その他は快速急行と同じ停車駅で運転される。快速急行も通勤快急も全列車8両編成で運転される。
急行	淀屋橋発着でほぼ終日運転される。出町柳発着は通常期は早朝・深夜のみ、それ以外は淀屋橋〜樟葉間で運転される。
深夜急行	淀屋橋発最終の樟葉行き急行は、急行停車駅の守口市と枚方公園を通過する深夜急行として運転される。
準急	複々線区間で通過運転を行い、そのほかの区間は各駅に停車。ほぼ終日運転され、平日ラッシュ時の一部の下りでは中之島発着の列車もある。
通勤準急	平日の朝ラッシュ時の下りは、準急停車駅の守口市を通過する通勤準急として運転される。
区間急行	「急行」でありながら準急や通勤準急より格下の扱い。守口市以東を各駅に停車することで、緩行線(外側線)にしかホームがない門真市やその周辺の駅の速達・利便性を確保する役割を持っている。
普通	京津線・石山坂本線を含み全区間で運転され、本線と直通運転するのは中之島線のみ。日中の天満橋〜淀屋橋間では運転されなくなり、普通列車に乗車する必要のある利用者は京橋で乗り換えなければならなくなった。列車の表示は「普通」だが、案内放送では「各駅停車」に統一されている。

京阪にしか存在しない1日1本の深夜急行

　2008(平成20)年10月の中之島線(中之島〜天満橋間)開業に合わせて列車種別が当時の大手私鉄最大の10種別となりました。中之島線開業前はK特急、特急、急行、準急、区間急行、普通の6種別でしたが、K特急を快速特急に改称し、通勤時間帯に運転される通勤快急と通勤準急、さらに快速急行と深夜急行を新設します。快速急行はこれまでの特急と急行の中間に位置付けられ、中之島線直通の速達列車として運行されることになりました。

　淀屋橋を0時20分に発車する最終の急行を深夜急行とし、急行停車駅である守口市と枚方公園の2駅を通過して、1日1本のみ運転されます。深夜急行は登場当初、変わったネーミングとともに話題になり、現在でも京阪にしか存在しない列車種別です。その後京阪の列車種別数は特別料金が不要の阪急電鉄の11種別についで10種別で2位になりましたが、2011(平成23)年5月のダイヤ改正で快速特急が行楽期の土休日に運転される臨時に変更され、定期列車では9種別に減ってしまいました。

 通過標識灯……駅に停車する列車か通過する列車かを区別するために点灯する白色灯のこと。大手私鉄に見られる標識灯ですが、京阪では車両によって標識灯の形状や設置場所などに多くのバリエーションがあります。

京阪電気鉄道の基幹路線
京阪本線（淀屋橋〜守口市）

京都と大阪の二大都市を結ぶ京阪本線は京街道に沿うように淀川左岸を走ります。京橋からは私鉄有数の高架複々線区間となり、地下鉄接続駅やJR線との接続予定駅も存在します。

京街道に沿って淀川左岸を走る京阪本線

　淀屋橋から三条までを結ぶ京阪本線は中之島〜天満橋間の中之島線や三条〜出町柳間の鴨東線とも一体的に運行されています。並行するJR東海道本線や阪急京都線とは異なり、京街道に沿うように淀川左岸を走っています。大阪市営地下鉄御堂筋線と接続する淀屋橋が起点ですが、1910（明治43）年開業当初の始発駅は天満橋でした。天満橋から淀屋橋までの延伸は1963（昭和38）年のことで、開業から半世紀以上が経過していました。淀屋橋から天満橋までは地下線で建設されました。天満橋からは中之島線も乗り入れ、京阪本線は寝屋川信号所まで12.5kmの区間が**複々線**となっています。

　天満橋から地上に出て寝屋川を渡ると、右手に大阪城、左手に大川（旧淀川）が車窓に現れます。高架に上がるとJR大阪環状線、JR東西線、JR

京阪の主要駅・京橋から続く高架複々線区間

淀屋橋～寝屋川信号所間の複々線区間では、次から次へと列車が発車する。かなりの過密ダイヤであることが分かる　写真提供：河野孝司(2枚とも)

片町線（学研都市線）、そして大阪市営地下鉄長堀鶴見緑地線と接続する京橋に着きます。京阪の1日平均乗降人数でもトップの京橋は、京阪のメインターミナルです。

大手私鉄でも有数の高架複々線区間

　京橋からは立派な高架複々線が続きますが、開業当初は京街道の宿場町を縫うように線路が敷設され、曲線区間や併用軌道も多数存在しました。改良工事を重ねて、1969（昭和44）年に新線に切り替わり、京橋も移転して高架駅に生まれ変わりました。京阪本線はJR大阪環状線をオーバーパスし、城東貨物線をくぐり抜けると野江ですが、ここは2018（平成30）年度の延伸が計画されているJRおおさか東線との接続駅になる予定です。

　次の関目は大阪市営地下鉄今里筋線が2006（平成18）年に開業し、地下鉄の関目成育駅と接続されました。森小路を過ぎると活気あふれる千林商店街のある千林です。千林商店街は日本初のスーパーマーケット・ダイエー発祥の地として知られ、ダイエー1号店は千林駅前で開業しています。京阪本線も千林から先は守口市に入り、滝井、土居と短い間隔に小駅が続きます。パナソニックグループとなった旧三洋電機の本社ビルが見えてくると快速急行停車駅の守口市に着きます。かつては守口車庫・工場が隣接していましたが、跡地には京阪百貨店守口店がオープンしました。

 複々線……複々線は単一方向に、鉄道の線路を2線ずつ上下計4線敷きます。同じ方向へ列車同士が隣り合って走行する方向別複々線や、複線がそれぞれ独立し同方向の列車同士の乗り換えには、いったん別のホームへ移動することになる線路別複々線があります。

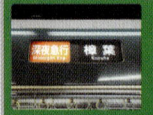

複々線区間が終わり郊外へ
京阪本線（守口市～枚方市）

門真市のパナソニックの工場群を見ながら寝屋川市へ。天満橋から続いた複々線は寝屋川信号所で複線になります。枚方市に入ると京阪のグループ会社が運営する「ひらかたパーク」が見えてきます。

門真市周辺はパナソニック関連工場が広がる

　京阪本線は守口市から先はカーブが増え、西三荘から門真市に入ります。西三荘はパナソニック本社の最寄り駅です。駅の手前ではパナソニックの創業者である松下幸之助の銅像も見られます。**大阪高速鉄道大阪モノレール線**との接続駅である門真市付近までパナソニック関連の工場が広がっています。古川橋と大和田を過ぎて、寝屋川市に入ると複々線区間の東端駅となる萱島。ここは推定樹齢700年のクスノキが高架上にあるホームと上屋を突き抜けているユニークな駅です。

　萱島と寝屋川市の中間付近には、340両の収容能力を持つ京阪最大の寝屋川車庫が立地し、車両工場、検車庫、留置線の3つの施設があります。各種検査は車両工場と検車庫で実施され、留置線では車体洗浄や車内清掃などを行っています。この寝屋川車庫への出入庫地点には寝屋川信号所が

京阪本線路線図（守口市～枚方市）

パナソニックの工場群と「ひらかたパーク」が車窓に映る大阪の近郊区間

左／寝屋川市～萱島間では、たくさんの電車が並ぶ寝屋川車庫が車窓から見える　右／西三荘はパナソニックの事業所や松下幸之助歴史館(手前の近代建築の建物)の最寄り駅だ　写真提供：河野孝司(2枚とも)

設けられ、天満橋から続いた複々線はここで終了し、これ以降京阪本線は三条まで複線区間となります。

「ひらかたパーク」を望みながら枚方市へ

　寝屋川市の次は成田山不動尊の最寄り駅の香里園です。香里園も寝屋川市と同様に快速急行の停車駅ですが、退避設備があり、特急の通過待ちが可能です。京阪沿線随一の高級住宅街で知られていますが、開業当初は香里遊園地がオープンし、京阪名物の菊人形展も開催されていました。香里園周辺が住宅地として再開発されることになり、遊園地は枚方市に移転しています。

　半径約500ｍのカーブ上に設けられた光善寺を過ぎると、駅前広場に枚方宿の石碑と案内板が建つ枚方公園です。ここは京阪グループの京阪レジャーサービスが運営する遊園地「ひらかたパーク」の玄関口。ホームには「ひらかたパーク」のキャラクターが飾られ、休日には行楽客の利用が目立ちます。枚方公園から大きくカーブして高架に上がると、交野線と接続する枚方市に到着。特急も含めた全列車が停車するターミナル駅で京阪唯一の3面6線の島式ホーム構造となっています。構内には京阪枚方ステーションモールが入居し、京橋、淀屋橋に次いで3番目に利用者(1日平均乗降人数)の多い駅です。

大阪高速鉄道大阪モノレール線……大阪空港から門真市を結ぶ全長21.2kmの日本最長のモノレール線。万博記念公園～彩都西間6.8kmの国際文化公園都市をモノレール線(彩都線)とともに大阪府が出資する第三セクター会社の大阪高速鉄道が運営しています。

沿線には観光名所や競馬場が点在
京阪本線（枚方市～中書島）

京阪本線は枚方市から樟葉を経て、男山を回り込むように京都へ向かいます。木津川と宇治川を渡り、淀車庫をかすめながら京都競馬場最寄りの淀、そして三栖閘門が近づくと宇治線と接続する中書島です。

東西の山並みが迫る車窓風景

　枚方市を出発すると高架から地上に下りて、御殿山、牧野と中間駅が続きます。牧野は地平駅ですが、京都方のホームは淀川の支流である穂谷川に架かる橋梁上に位置し、近年までホーム上にうどん店が営業していました。牧野からしばらく走ると特急停車駅の樟葉です。折り返し列車が設定される運行上の要の駅であり、京阪グループの商業施設「くずはモール」の最寄り駅としても知られています。樟葉は大阪府北東部に位置していますが、京阪バスの路線網が充実していることもあって、京都府民の利用が多いのも特徴です。

　樟葉から先は車窓風景が一変し、東西の山並みが迫ってきます。男山を回り込むように右カーブして京都府に入ると橋本です。周辺には山を切り崩して開発した住宅地が広がっています。橋本からさらにカーブを進むと石清水八幡宮の最寄り駅となる八幡市です。改札口は別ですが、京阪の鋼

男山へ向かってカーブが連続する
大阪と京都の府境越え

左／八幡市は京阪の鋼索線・男山ケーブルの乗り換え駅。ケーブルカーの塗装は旧特急色だ
右／春の天皇賞や3歳3冠最後の菊花賞など、グレードの高いレースが施行される京都競馬場
写真提供：河野孝司(2枚とも)

索線（男山ケーブル）の乗り換え駅としても機能し、男山山上まで3分ほどで到着します。付近にある淀川河川公園は春には桜が咲き誇り、車窓はピンクに彩られます。

木津川と宇治川を連続して越える

　八幡市を過ぎるとS字カーブを描きながら、京阪最長の木津川橋梁と宇治川橋梁を渡ります。京都市に入ると右手に京阪本線のもうひとつの車両基地である淀車庫が見えます。8両編成に対応する検車庫と34本の留置線を有し、車庫拡張も予定していましたが、社会的ニーズが高まっている内陸型物流施設として予定地を活用することが計画されています。

　淀車庫からほどなくして京都競馬場の最寄り駅である淀に着きます。かつては淀城跡近くに位置していましたが、駅の高架化に伴い、競馬場と直結する場所に移転しました。淀車庫への引き込み線やバスターミナルなどの設置、周辺道路の整備など一連の高架化工事は2014（平成26）年3月に完成する予定です。次駅の中書島までは駅間距離が京阪最長の4.4km離れています。宇治川が右手に寄り添い、4つの塔が印象的な三栖閘門が車窓に現れると宇治線と接続する中書島です。駅の南側には伏見港公園が整備され、北側には幕末に事件の舞台となった寺田屋が残り、レトロな町並み散策が楽しめます。

 三栖閘門……水位の異なる濠川と宇治川に船を通すため、1929(昭和4)年に建設され、京都〜大阪間の舟運に大きく貢献しました。隣接する三栖閘門資料館ではその歴史に触れることができます。

風情がある京都の中心部へ
京阪本線・鴨東線（中書島〜出町柳）

古都の町並みが広がる伏見桃山、近鉄との連絡線跡が残る丹波橋、柱が朱色に塗られた伏見稲荷と、京阪本線京都口の特徴的な駅が並ぶ区間です。終点の三条からは鴨東線が出町柳まで通じています。

伏見桃山付近では古都の趣が漂う

　伏見区の玄関駅にあたる中書島は2000（平成12）年に特急停車駅へ昇格、2012（平成24）年には駅舎のリニューアル工事も完成しています。次の伏見桃山は町の中心に位置し、沿線の随所に古都の趣が感じられます。大手筋商店街が東西に横切り、**伏見桃山 陵**（ふしみももやまのみささぎ）への参道が続いています。伏見桃山から勾配を上がると近畿日本鉄道京都線との乗り換え駅となる丹波橋。近鉄丹波橋駅とは南口から連絡通路で結ばれています。かつては近鉄と相互乗り入れが行われ、北側の近鉄京都線と交わる手前や南側には連絡線の跡も確認できます。

　京阪本線は京都市内中心部へ向かい、駅名にちなんでホームの柱がグレー（薄墨色）に塗られた墨染、ホームの真上を名神高速道路が通る藤森、龍谷大学（深草キャンパス）最寄りの深草と続きます。深草にはかつて深草車庫が併設されていましたが、1980（昭和55）年に廃止されました。現在でも1線だけ留置線が残っています。

ほぼ全列車が京阪本線の三条から鴨東線の出町柳まで直通

上／伏見稲荷はホームの柵や駅舎の柱が朱色に塗られている
写真提供：高松大典
右／祇園四条は東山の名所や四条通の繁華街にアクセス
写真提供：河野孝司

朱塗りの柵や柱が鮮やかな伏見稲荷

　JR奈良線が並走するようになると、伏見稲荷大社への最寄り駅である伏見稲荷です。伏見稲荷大社の鳥居をイメージしてか、ホームの柵や駅舎を支える柱が朱色に塗られています。鳥羽街道を過ぎてJR奈良線をオーバークロスするとJR奈良線との接続駅の東福寺に着きます。

　ここでJR奈良線と分かれ、東海道新幹線とJR東海道本線をくぐります。七条の手前から三条まで、京阪本線は1987（昭和62）年に地下化された地下線を走ります。途中の清水五条は、清水寺の最寄り駅で、祇園四条は八坂神社や知恩院、四条通の繁華街へのアクセスに便利です。また、三条駅の地上部分は1997（平成9）年10月まで京津線も発着していました。

　三条から先は地下線の京阪本線を延長する形で、1989（平成元）年に開業した鴨東線が神宮丸太町を経て、京都大学や同志社女子大学（今出川キャンパス）、下鴨神社などに近い出町柳までつながっています。京阪本線の終点は三条ですが、ほとんどの列車は鴨東線の終点である出町柳まで直通し、実質的には京阪本線の一部になっています。出町柳駅の地上からは叡山電鉄が八瀬比叡山口や鞍馬まで延びています。

> **マメ蔵**
> **伏見桃山陵**……1912（大正元）年9月に大喪の礼が行われた後、埋葬された第122代明治天皇の陵墓で桃山御陵（ももやまごりょう）とも呼ばれています。戦前は参拝客で賑わい、京阪本線もその輸送に一役買い、今日まで発展し続けたと言えます。

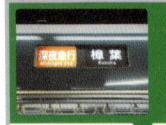

駅施設に不燃性木材を多用
優等列車はラッシュ時のみの中之島線

中之島高速鉄道が鉄道施設を保有し、京阪が列車の運行管理を行う中之島線は中之島を東西に横断する地下路線。各駅のホーム壁面に中之島をイメージした素材が使用されているのが特徴です。

鉄道空白地帯の中之島を東西に横断

　堂島川と土佐堀川に挟まれた中之島地区は大阪市街中心部にありながら鉄道空白地帯でした。京阪本線を大阪都心部へ延伸させ、輸送力増強を図るために中之島を東西に横断する新線（中之島線）が建設されることになりました。新線の建設では第三セクターの中之島高速鉄道が線路などの鉄道施設を建設し、京阪が列車の運行を行う**償還型上下分離方式**を採用。この中之島線はおよそ5年半の工期を経て、2008（平成20）年10月に開業しました。

　全列車が天満橋から京阪本線に乗り入れ、三条から鴨東線の出町柳までを結ぶ快速急行も日中毎時2本運転されていました。ところが、1日平均乗降人数が当初の予想を大幅に下回ったことなどから、現在では優等列車は朝夕ラッシュ時のみの設定で、大半が普通列車となりました。全長

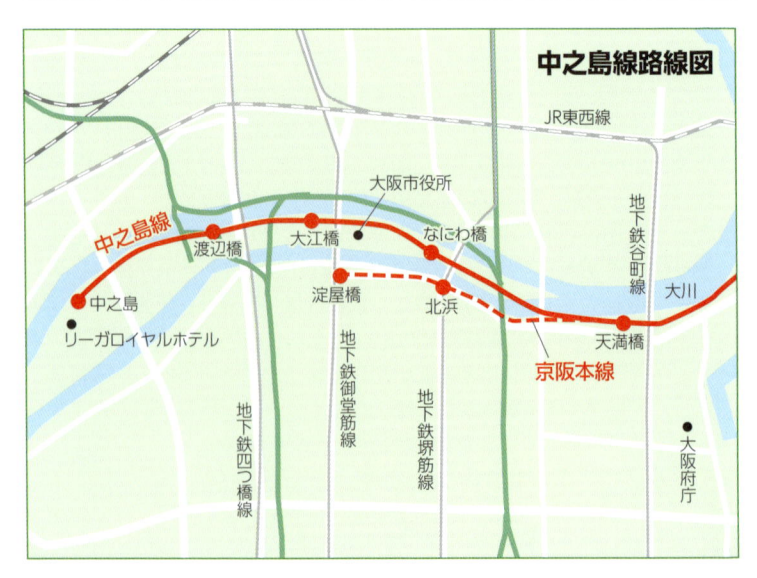

中之島線路線図

償還型上下分離方式を採用
中之島を横断する地下路線

左／中之島線では日中に毎時2本の快速急行が運転していたが、各駅で予想より利用者が下回ったため、現在、日中は普通列車のみの運転になった　右／中之島駅の入口　写真提供：河野孝司（2枚とも）

3.0kmの中之島線は全線地下線ですが、各駅の壁面には日本の地下駅では初めてとなる不燃性木材を多用した共通デザインが施されています。

各駅のホーム壁面には特徴のある素材を使用

　起点の中之島は大阪国際会議場（グランキューブ大阪）とリーガロイヤルホテル付近にあります。中之島線のターミナル駅であり、阪神電気鉄道本線福島駅、JR路線では大阪環状線福島駅とJR東西線新福島駅も徒歩圏内です。ホーム壁面には中之島線全体の象徴である木（不燃木材）を使用し、行き止まりのホーム端には中之島線を掘り進めたシールドマシンのモニュメントがあります。中之島からゆるやかに右カーブを進むと渡辺橋です。ホーム壁面の素材は中之島の未来をイメージする金属材。大阪市営地下鉄四つ橋線肥後橋駅とは地下通路で連絡しています。

　続く大江橋は日本銀行大阪支店に隣接し、ホーム壁面の素材は石で中之島の現代を表現しています。中之島公園内に位置するなにわ橋は安藤忠雄氏設計の駅舎（出入口）を使用し、コンコースにはイベントスペースも設けられました。ホーム壁面は大阪市中央公会堂をイメージしたレンガ調です。ここから天満橋までは土佐堀川の下をくぐり、40‰の急勾配を上ります。また、トンネルには断層のずれを考慮して、強度や延性を改良したダクタイル鋳鉄を使用しています。

> **マメ蔵**　**償還型上下分離方式**……建設主体が資金の調達と建設を行い、運行主体が鉄道施設を使用する使用料で一定の期間に借入金の償還を図るものです。建設費用負担が削減され、建設と運行が分離されるといったメリットがあります。

通勤・通学と行楽の 2つの顔を持つ交野線

枚方市と私市を結ぶ交野線は信貴生駒電鉄が開業した路線ですが、京阪の支線となり、通勤・行楽路線として機能。沿線は七夕伝説発祥の地とされ、線内折り返しの普通列車が走っています。

枚方線として開業後、京阪の支線へ

交野線は王寺〜生駒間を開通させた信貴生駒電鉄が1929（昭和4）年に枚方東口（現・枚方市）〜私市間の枚方線として開業しました。当初は生駒を目指しましたが、利用者の減少などから計画が頓挫し、京阪の支線となりました。そのため、交野線沿線から大阪方面へ向かう際には枚方市を経由する必要が生じ、所要時間、運賃ともに京橋方面へ直通するJR片町線（学研都市線）に軍配が上がります。

交野線は京阪の路線では唯一**地方鉄道法**で建設され、大阪方面への通勤・通学路線と私市周辺への行楽路線の二面性をあわせ持っています。1992（平成4）年に全線複線化が実現し、枚方市〜宮之阪間が高架化されました。沿線は七夕伝説発祥の地とされ、京阪では七夕伝説にちなんで交野線から京阪本線・中之島線に直通する通勤快急「おりひめ」と快速急行「ひこぼし」

交野線路線図

枚方市から七夕伝説発祥の地へ
行楽客で賑わう私市

左・右／観光シーズンには賑わう交野線。4両編成の13000系(左)や10000系(右)で運用される
写真提供：河野美斗(2枚とも)

を運転していました。しかし、2013(平成25)年3月に両列車が廃止され、京阪本線・中之島線直通列車が全廃。それ以前の2007(平成19)年にはワンマン運転も開始されており、現在は全列車が交野線内のみの普通列車となっています。

田園地帯も残るのどかな沿線風景

　枚方市から次の宮之阪までは高架を走り、途中で天野川を渡ります。地上に下りると星ケ丘です。交野線沿線の平野は交野ケ原と呼ばれ、七夕や天体にちなんだ地名が多く見受けられます。星ケ丘からは住宅地をかすめながら、ほぼまっすぐに進みますが、村野付近ではところどころに田園風景も残されています。枚方市と交野市の市境付近にあたる村野～郡津間では桜並木も見られます。

　交野市は天野川に架かる逢合橋や機物神社など七夕伝説で知られる交野市の玄関駅です。交野市からは第二京阪道路をくぐり、JR片町線をオーバークロスすると河内森に着きます。河内森ではJR片町線の河内磐船と徒歩連絡が可能です。河内森からゆるやかに右カーブを描いて私市に滑り込みます。私市は全長6.9km、乗車時間約15分の交野線の終着駅。三角屋根と丸窓がユニークな駅舎が特徴です。生駒山系の北端に近く、ハイキングのスタート地点として週末には行楽客で賑わいを見せています。

> **マメ蔵** **地方鉄道法**……軌道を除く地方鉄道の敷設および運営について規定していた法律。1987(昭和62)年の国鉄分割民営化の際に日本の鉄道事業を一元的に規定する鉄道事業法が制定されて、地方鉄道法は廃止されました。

宇治線は歴史的な名所や旧跡に観光客を運ぶ観光路線

中書島から宇治へ延びる全長7.8kmの宇治線。宇治川とJR奈良線と並走しながら世界遺産へ向かう観光路線です。開業100周年にあたる2013（平成25）年6月からワンマン運転が開始されました。

参拝者輸送のため突貫工事で建設された路線

　1912（明治45）年7月に明治天皇が崩御し、9月に行われた大喪の礼の後も伏見桃山陵は参拝者が絶えず混雑を極めました。宇治線の開通は急務となり、宇治川電気軌道が得ていた路線免許を譲り受けた京阪は計画を前倒しして、中書島〜宇治間7.8kmの宇治線を建設します。わずか数か月間の突貫工事の末、1913（大正2）年6月に開業。7月の明治天皇一周年祭に間に合わせました。

　宇治線ではかつて宇治快速（淀屋橋・天満橋〜宇治）や京阪本線の三条方面と直通運転も行われていましたが、現在は宇治線内折り返しの普通列車が運行されています。さらに2013（平成25）年6月からワンマン運転も開始されました。

宇治線路線図

伏見桃山陵への参拝者輸送に貢献し
京都の南の玄関口を結ぶ観光路線

左・右／全区間にわたりJR奈良線と併走する宇治線。交野線と同様、ワンマンで4両編成の13000系や10000系が活躍している　写真提供：河野孝司(2枚とも)

宇治川とJR奈良線に沿って走る

　宇治線は中書島から京阪本線を離れて宇治川に沿って走ると最初の停車駅である観月橋。駅名は付近に架かる観月橋にちなんでいます。宇治川を右手に見ながら進むと桃山南口です。ここは伏見桃山陵の南側に位置し、宇治線開業と同時に御陵前として開設され、参拝者輸送に貢献しました。続く六地蔵は長らく京阪の単独駅でしたが、1992(平成4)年にJR奈良線の駅が新設され、さらに2004(平成16)年に京都市営地下鉄東西線が六地蔵まで延伸。3路線の駅となりましたが、京阪の駅はJRや地下鉄の駅とは500mほど離れた位置にあります。

　六地蔵を出ると大きく右にカーブして宇治へ向けて南進します。住宅地が密集し始めると木幡ですが、古くは古事記や万葉集にも登場する開けた場所だったようです。なお、JRの駅は「こはた」と読みます。木幡から住宅地をすり抜けるように走りますが、一部区間では名産の宇治茶を象徴する茶畑も見られます。黄檗から先の1kmほどの区間はJR奈良線とぴったり並走します。京阪とJRの黄檗は隣接していますが、連絡通路などは設けられていません。ちょうど西側の車窓からは陸上自衛隊宇治駐屯地に建つ赤レンガの給水塔が眺められます。その先は大庭園が有名な三室戸寺への最寄り駅・三室戸を過ぎると、京都の南の玄関口と呼ばれる終点の宇治に到着。世界文化遺産に登録された平等院は宇治川の対岸にあります。

> **マメ蔵**　平等院……平安時代後期(11世紀)に建築された寺院で1994(平成6)年に「古都京都の文化財」として世界文化遺産に登録されました。十円硬貨でおなじみの平等院鳳凰堂は国宝に指定されています。

京都の洛東と湖都の大津を結び京都市営地下鉄に直通する京津線

御陵〜浜大津間の京津線は京都市営地下鉄東西線へ乗り入れて直通運転を行っています。浜大津付近には併用軌道があり、山岳トンネルも越えることから変化に富んだ車窓が楽しめる路線です。

地下鉄から併用軌道まで直通運転

　京津電気軌道が1906（明治39）年に旧東海道に沿って京都の洛東と大津を直結する電気軌道の敷設を出願したことが京津線のスタートです。三条大橋（後の京津三条）〜浜大津間の全線開業は1925（大正14）年の京津電気軌道と京阪の合併後のことでした。

　かつての京津線は京阪本線と接続する京阪三条（地上駅）から御陵まで併用軌道を走り、蹴上付近では66.7‰の急勾配を越えて、京都と大津を結んでいました。1997（平成9）年10月に御陵以西が廃止され、京都市営地下鉄東西線へ乗り入れるようになります。2008（平成20）年1月には東西線の二条〜太秦天神川間が延伸されたため、浜大津と太秦天神川を直通する列車も登場。2002（平成14）年からは京阪では初めてとなるワンマン運転を開始しています。現在も浜大津付近は併用軌道を走ります。

京津線路線図

地下鉄から坂道や急カーブを経て路面も走る日本で唯一の運行形態

左・右／京津線の800系は、どのような線路条件でもこなせるオールラウンドプレイヤー。すべての車両にモーターが付いたオールM編成だ　写真提供：三沢学(右)・河野孝司(左)

4両編成の電車が地下鉄から併用軌道区間へ乗り入れる特異な運行形態は全国でも京津線だけです。

変化に富んだ急勾配区間と併用軌道

　京津線は、御陵から京都市営地下鉄東西線と別れ地下線を通り、京阪山科の手前で地上に顔を出します。次の四宮では規模が縮小されて留置線のみとなった四宮車庫を車窓から見ることができます。四宮を出て滋賀県大津市に入るとホームの壁面に大津絵のある追分です。追分から名神高速道路と国道1号に挟まれた急勾配区間を上ると大谷に着きます。ここは30‰の勾配上にあり、ホーム全体が傾斜しているため、ホーム上のベンチは左右で脚の長さが異なるほどです。ホームは地下鉄東西線開通前の1996(平成8)年に70mほど浜大津寄りに移動しました。駅周辺にはうなぎ店や峠の茶屋が軒を連ねています。

　全長約250mの逢坂山トンネルで山頂を越えるとS字カーブが連続して、今度は一気に下っていきます。左手には一瞬ですが、旧東海道本線の**逢坂山隧道**の入り口跡、右手に赤レンガ造りの橋脚跡も姿を現します。上栄町を過ぎると併用軌道区間に入り、4両編成の800系電車が堂々と国道161号を走ります。最後に大きく車体を右にくねらせてから、石山坂本線と接続する浜大津へ滑り込みます。

> **マメ蔵**　逢坂山隧道……日本人によって掘削された日本初の山岳トンネルで1880(明治13)年に完成しました。名神高速道路が東海道本線の旧線跡を利用して建設されたため、東側の入り口跡を残して埋められています。

2両編成の小さな電車が琵琶湖沿いを走る石山坂本線

石山寺から坂本までかつての門前町を結ぶ石山坂本線。琵琶湖の湖畔をかすめながら、「石山秋月」、「瀬田夕照」、「粟津晴嵐」、「三井晩鐘」といった近江八景に詠われた景勝地を走ります。

旧東海道本線の一部を三線軌条化

　1913（大正2）年に大津電車軌道によって開業した石山坂本線。実は京阪膳所〜浜大津間は1880（明治13）年に開業した大津（現・浜大津）〜神戸間のJR東海道本線の一部（後の大津線）であり、**三線軌条**化することで石山坂本線の軌道となったのです。1927（昭和2）年に石山（現・石山寺）〜坂本間の全線開業を果たします。戦時中は滋賀里〜坂本間の単線化や6駅の休止を余儀なくされました。1997（平成9）年には穴太〜坂本間が再度複線化され、京阪全線の複線および複々線化が実現。京津線に次いで2003（平成15）年からワンマン運転がスタートしています。

　全長14.1kmの石山坂本線の起点は近江八景「石山秋月」で知られる湖南屈指の名刹・石山寺。名神高速道路と東海道新幹線をくぐると唐橋前。近江八景「瀬田夕照」で有名な瀬田唐橋の最寄り駅です。次の京阪石

近江八景や琵琶湖を望みながら
石山寺と坂本の2つの門前町を結ぶ

左／石山寺のホームは頭端式で、終着駅らしい風情がある　右／モダンな造りが目を引く坂本駅舎　写真提供：河野孝司(2枚とも)

山はJR東海道本線との接続駅です。「粟津晴嵐」として近江八景に数えられる粟津、膳所藩の城下町であった瓦ヶ浜、中ノ庄、膳所城址公園に近い膳所本町、錦村に由来する錦を過ぎると京阪膳所に着きます。ここはJR東海道本線との接続駅で近くには松尾芭蕉の墓がある義仲寺があります。

観光の拠点・浜大津から延暦寺の門前町へ

石場(びわ湖ホール前)、島ノ関を過ぎると京津線が分岐する浜大津です。大津港や浜大津アーカスなど観光やレジャーの拠点となっています。浜大津からは路面電車さながらの併用軌道を通って三井寺へ向かいます。三井寺駅の先で琵琶湖疏水を渡ると、左手は近江八景「三井晩鐘」で有名な三井寺(園城寺)です。

この先は石山坂本線で最後に開通した区間で起伏が多いものの、ほぼまっすぐな線形が続きます。旧駅のホームが今も残る別所、JR湖西線の大津京との乗り換えが可能な皇子山を通って近江神宮前へ。駅の北側には京阪大津線(京津線と石山坂本線の総称)の車両の検査を行う錦織車庫があります。南滋賀、滋賀里を過ぎる頃には琵琶湖の湖面とJR湖西線の高架などが見える絶好の車窓スポットとなります。穴太と松ノ馬場の先が終点の坂本です。古くから比叡山延暦寺や日吉大社の門前町として栄えていました。比叡山鉄道のケーブル坂本へのアクセス駅でもあります。

> **マメ蔵**　**三線軌条**……軌間の異なる車両を運転するために3本のレールを敷設すること。旧東海道本線(大津線)は軌間1,067㎜の狭軌であったため、標準軌(1,435㎜)の大津電車軌道が乗り入れられるように三線軌条化しました。

2章●京阪電気鉄道の路線のひみつ

絶景を眺望する山頂へ 3分で運んでくれる鋼索線

戦時中に休止されたケーブルカーを再開業した京阪の鋼索線は一般に「男山ケーブル」と呼ばれ、八幡市から石清水八幡宮のある男山山上へ向かいます。正月には多くの初詣客に利用されています。

トンネルや日本一高い橋梁もある鋼索線

　京阪の鋼索線は一般に「男山ケーブル」と呼ばれ、八幡市から男山山上を結ぶ全長0.4kmの鋼索鉄道（ケーブルカー）です。男山の山上にある石清水八幡宮への足として利用され、初詣の参拝者で賑わう1月だけで年間利用者の約半数を占めています。高低差は82mほどですが、短いながらトンネルや男山橋梁があり、単線のため車両（ケーブルカー）同士が行き違いを行います。男山橋梁は大杉谷鉄橋とも呼ばれ、全長は約110m、高さは約43mあり、ケーブルカーでは日本一の高さを誇ります。

　鋼索線の歴史は古く、男山索道が石清水八幡宮への参拝者輸送のため1926（大正15）年に開業しましたが、戦時中に軍需資材供出のため**不要不急路線**とされ、1944（昭和19）年に廃止、線路や設備も撤去されてしまいます。ケーブルカーがなかった時代には参拝者は396の石段を約20分かけて歩いていました。

男山ケーブル路線図

京阪の鋼索線「男山ケーブル」は、トンネルの中で行き違いをし、鉄橋も渡る
写真提供：河野孝司

石清水八幡宮への参拝者輸送のため京阪が再開業したケーブルカー

上／車内で絶景が展開する「男山ケーブル」は、春は桜、秋は紅葉が楽しめる　左／ケーブルカーの運転士は車両に乗らず、山頂の駅から列車をコントロールする　写真提供：河野孝司（2枚とも）

男山山上へ所要3分のミニトリップ

　1955（昭和30）年に京阪が鋼索線として再開業を果たし、今日に至っています。2001（平成13）年には2代目の車両も登場しました。1号と2号が川崎重工で製造され、塗色は初代と同じく京阪特急のシンボルでもあるオレンジとレッドのツートンカラーを採用し、座席の変更や保安性の向上も図られました。車両には冷房装置が設置されていないことから、「ひえゾウくん」と呼ばれる冷風機で車内に冷房効果をもたらしています。また、京阪の全車両には成田山不動尊の御札が貼られていますが、鋼索線の車両だけは石清水八幡宮の御札が貼られているのも特徴です。

　八幡市から所要約3分で男山山上に着きますが、車窓からは桂川、宇治川、木津川の三川合流部も眺められます。通常は30分間隔で運行されていますが、終夜運転や正月などの多客期には3〜5分間隔となります。運転速度も通常期は8km/hですが、多客期には12.6km/hにスピードアップされます。石清水八幡宮は日本三社や日本三大八幡宮のひとつに数えられ、誉田別命（ほんだわけのみこと）、比咩大神（ひめおおかみ）、息長帯姫命（おきながたらしひめのみこと）の八幡大神が祀られています。偉大なる発明家であるトーマス・エジソンが白熱電球のフィラメントに境内の竹を用いたことにちなみ、エジソン記念碑も建立されました。

> **マメ蔵**　**不要不急路線**……戦時中に金属類を回収するために線路を撤去された鉄道路線のこと。手続き上は休止扱いでしたが、そのまま廃線となった路線が多いなか、ケーブルカーの多くは戦後に復活しています。

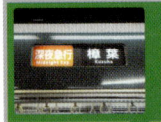

京阪の未成線には
どんな路線があるの?

京阪本線とは別に天神橋を起点とする新京阪線が開業。両線を接続する支線、梅田へ乗り入れる路線が計画され、名古屋へ延伸する構想までありましたが、いずれも実現には至りませんでした。

新京阪線の開業と接続する支線の計画

　京阪本線を核として路線網を拡大してきた京阪ですが、かつては大阪市内中心部の梅田へ乗り入れる梅田線が計画されていました。淀川左岸の京街道に沿って敷設された京阪本線は曲線区間が多く、高速運転には不向きであったことから、淀川右岸で大阪と京都を結ぶ高規格な路線の建設が計画されます。複数の鉄道事業者が路線免許を出願しましたが、京阪が新路線(淀川西岸線)の敷設を行うことになり、1922(大正11)年に京阪の子会社として新京阪鉄道を設立。天神橋(現・天神橋筋六丁目)を起点とする新京阪線(現・阪急電鉄京都線・千里線)は1928(昭和3)年1月に高槻町(現・高槻市)まで開業し、11月には高槻町〜京都西院(仮駅、現・西院)間が延伸開業しました。

　このほか、新京阪線の西向日から熱田まで延伸して、大阪〜名古屋間を結ぶ名古屋急行電鉄などの構想もありましたが、実現には至っていません。

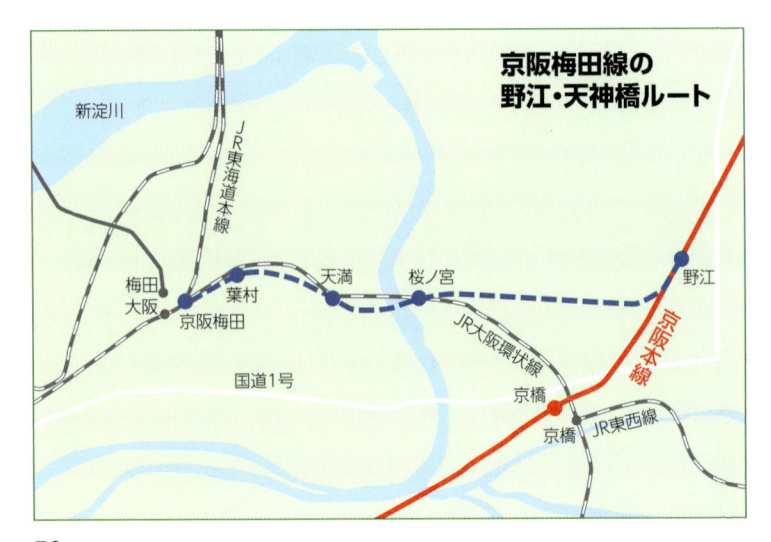

京阪梅田線の野江・天神橋ルート

京阪本線と新京阪線を結ぶ支線の計画
実現には至らなかった梅田線

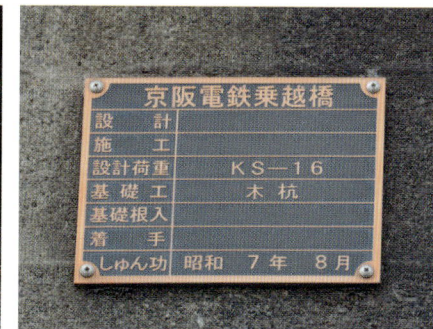

左・右／京阪梅田線がくぐる予定だったJR桜ノ宮駅の東に位置する乗越橋。ガードには「京阪電鉄乗越橋」という名称がついている　写真提供：河野孝司(2枚とも)

また、京阪本線と新京阪線を接続する路線も計画されていました。網島(現在は廃止)から分岐して現在の大阪市営地下鉄堺筋線扇町近くに至る淀川支線、現在の千林から天神橋を結ぶ城北支線などの**未成線**があったようです。

経営不振に陥り、幻と化した梅田線

　梅田線のルートでは新京阪線の上新庄から南下して梅田を結ぶルート、京阪本線(旧線)の森小路や野江から天神橋を経由して梅田へ向かうルートが計画されました。しかしながら、昭和金融恐慌の影響を受けて、経営不振に陥った京阪は、1930(昭和5)年に経営破綻寸前だった新京阪鉄道を吸収合併して、再建を図りましたが、もはや当初の計画を実行する余裕はありませんでした。そこで城東線(現・JR大阪環状線の東半分)の高架化によって不要となる跡地を利用して、大阪駅手前の角田町に向かうルートに変更されました。1932(昭和7)年に蒲生(現・京橋)駅を城東線の京橋駅付近に移転させたことで梅田へのアクセスが確保され、梅田線の建設を断念、1942(昭和17)年に関連免許も失効してしまいました。
　現在でも梅田線の遺構は残されています。JR大阪環状線の桜ノ宮駅東側には高架化の際に梅田線がその下をくぐる予定であった「京阪電鉄乗越橋」という、京阪が建設費を負担したガードがあります。

> **マメ蔵**　**未成線**……構想や計画のみ、または建設の段階で中止され、敷かれなかった鉄道路線のこと。私鉄を監督している国土交通省とその前身である各省の部内で用いられていた略称で、JRを除く私鉄が免特許を持つ路線で未完成の路線をさします。

3章

京阪電気鉄道の駅と車両基地のひみつ

大阪府北東部、京都府南部、滋賀県西部に路線を有する京阪電気鉄道には全部で89か所の駅が設置されています。それぞれの駅は利用者本位に設計されており、時代に合わせた改修・改造も随時実施されています。特に2008(平成20)年に開業した中之島線の駅は美術館のような趣で人気を集めています。この章では京阪の駅の魅力に迫ります。

写真提供:河野孝司(2枚とも)

淀屋橋駅　1面3線の地下駅だがのりばは4番線まで設けられる

京阪開業当時、民間資本の参入を認めない市営モンロー主義により、大阪中心部への乗り入れができなかった京阪の、強い思いがこもった駅は、半世紀を経て1963 (昭和38) 年、ようやく開業しました。

創業以来の悲願だった中心部への乗り入れ

　淀屋橋駅は1963（昭和38）年4月16日に天満橋駅からの延伸にともなって開業し、京阪本線の起点となっている駅です。

　駅周辺は市役所や大企業のオフィスが林立する大阪市の屈指の官庁街で、この大阪の中心部に乗り入れることは、京阪にとって創業以来の悲願でした。1日の乗降客数は103,371人（大阪府統計年鑑・2011〈平成23〉年度）で、利用者の多くは通勤客。2008（平成20）年の天満橋～中之島の開業にともない、若干ですが官庁街への利用客が中之島線へ流れているようです。京阪では向谷実作曲の発車メロディを18駅で採用しており、その1駅です。

狭いスペースを生かした珍しい縦列停車

　島式ホーム1面3線の地下駅ですが、実際には4番線まであります。これは1番線と4番線が同じ線路上にあるためで、信号を分割して縦列停車

淀屋橋駅周辺マップ

市営地下鉄御堂筋線の乗り換え駅
日中は特急・急行・準急だけが発着する

2番線は3番線ホームの切り欠き部にあり、7両編成の列車が停車できる　写真提供：河野孝司

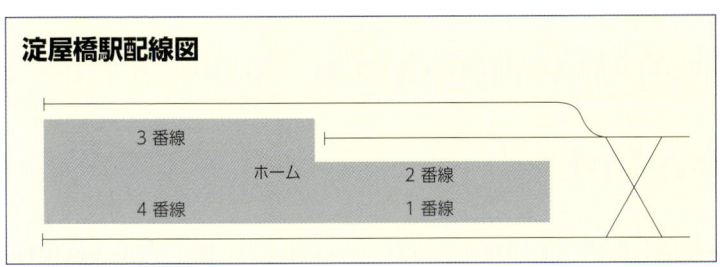

淀屋橋駅配線図

```
3番線
        ホーム    2番線
4番線              1番線
```

をしています。3番線と4番線はホームの末端部にあり、2番線は3番線の切り欠き部にあります。有効長は、1・3・4番線は8両編成分、2番線は7両編成分。昼間時は1・2番線の使用はされていないので、封鎖され、立ち入りができないようになっています。

改札とコンコースは地下1階、ホームは地下2階にあります。改札口は東1号改札口、東2号改札口、中央改札口、エレベーター専用改札口、西改札口、西改札口のさらに西側には出口専用の西0号改札口の6か所。東1号改札口は平日の朝夕ラッシュ時、東2号改札口は平日の朝ラッシュ時のみ利用可、西0号改札口は早朝と夜間は利用不可となっています。そのほか西改札口はラッシュ時のみ出口専用改札とするなど、朝夕の通勤ラッシュの乗客をさばくために、時間を限定して利用している改札がいくつかあります。

昼間時の列車は、普通列車が中之島駅発着になっているので、淀屋橋駅と隣の北浜駅では普通列車の運行はなく、特急、急行、準急のみの発着になっています。

大阪市営地下鉄御堂筋線淀屋橋駅の乗り換え駅となっており、隣の北浜駅までは約500ｍと近く、改札外の地下連絡通路でつながっています。

マメ蔵　淀屋橋……江戸時代の豪商淀屋がこの橋を管理していたことから名づけられました。現在の鉄筋コンクリートのアーチ橋は1924(大正13)年に大阪第1次都市計画事業で公募されたもので、ほとんど当時のままで残っており、重要文化財に指定されています。

天満橋駅　1963年に地下駅化
京阪シティモールと直結したターミナル

江戸時代の船旅の交通の拠点・八軒家浜船着場に隣接する天満橋駅は、京都と大阪を結ぶ京阪の大阪側の終着駅として、1910（明治43）年に誕生しました。

大阪のクルーズ船の発着場としてにぎわう

　天満橋駅は、京阪電気鉄道京阪本線の大阪側の終着駅として、1910（明治43）年4月15日に旧淀川（大川）にかかる天満橋南詰に開業しました。現在は淀屋橋駅までの延伸や、中之島までの新規開業により分岐駅となっていますが、特急、急行などすべての列車が停車します。大阪市営地下鉄谷町線天満橋の乗り換え駅でもあり、1日の乗降客数は58,414人（2011〈平成23〉年度）。分岐駅ということで、乗降客数は淀屋橋よりも下回っています。

　向谷実作曲の発車メロディを採用している18駅の1駅です。

　当初は電停と変わりない簡素な駅でしたが、1914（大正3）年にホームの高床化と駅舎が建てられ、3面4線の櫛形ホームになりました。1932（昭和7）年には淀川と寝屋川との合流部の付け替え工事が行われた際に河川敷の払い下げが行われ、そこに駅舎を新たに建設。4面6線の旅客用ホームに貨物用ホーム1面1線を加えた構造になりました。

　1963（昭和38）年に淀

上／京阪の本社も入居している大阪マーチャンダイズ・マートビル　右／天満橋駅と駅ビルの京阪シティモール
写真提供：河野孝司（2枚とも）

対向式と島式ホームの複合型3面4線構造
コンコースは地下1階、ホームは地下2階

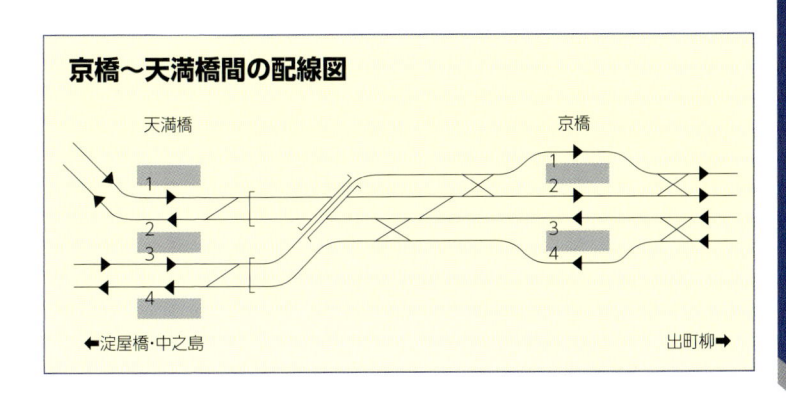

京橋～天満橋間の配線図

←淀屋橋・中之島　　　　　　　　　　　　　　　　出町柳→

屋橋まで延伸された際に地下駅となり、天満橋の西側へ移動。地上駅の跡地には現在、大阪マーチャンダイズ・マートビル（OMMビル）が建っています。

川に隣接した立地を生かした水陸交通ターミナル

　2008（平成20）年の天満橋～中之島間の中之島線の開業にともない改装工事が行われ、対向式と島式ホームの複合型3面4線と、現在の形になっています。対向式の1番線は中之島発三条・出町柳方面の、4番線は淀屋橋方面ののりばで、島式の2、3番線は、2番線が中之島方面、3番線が淀屋橋発三条・出町柳方面ののりばとなっています。

　改札口とコンコースは地下1階、ホームは地下2階にあり、改札口は東改札口と、深夜には閉鎖される西改札口の2か所です。京阪シティモールのフロアーと直結しているので、ショッピングに便利な駅となっています。

　2008（平成20）年3月29日には隣接する大川に**八軒家浜船着場**がオープンし、これにともない「水陸交通ターミナル」をコンセプトにリニューアル。駅北側に改札口と船の発着場とを結ぶエントランスや地下ホームと地上部を結ぶエレベーターが設置され、水の都大阪を楽しめる観光拠点として注目を浴びています。

> **マメ蔵**　**八軒家浜船着場**……熊野参詣の起点として、京都と大阪を結ぶ淀川水運の要衝として栄えました。十返舎一九の『東海道中膝栗毛』に大阪の八軒家で船を降りた様子が描かれています。現在は水上バスの発着場となっています。

京橋駅　1日17万8,805人が利用　京阪最大の乗降客数を誇る

5路線が交じり合う一大ターミナル駅は、ショッピングにビジネスに多くの人が行き交います。

京阪一の乗降客でにぎわう

京橋駅は京阪本線のほかにJR西日本の大阪環状線、片町線（学研都市線）、東西線、大阪市営地下鉄長堀鶴見緑地線の計5路線が交差する、大阪北東部の玄関口になっています。駅周辺には日本を代表する企業が社屋を構え、外国の領事館が多く入居する大阪ビジネスパーク（OBP）とショッピングセンター、庶民的な商店街、ディープな歓楽街が同居し、1日の乗降客数は178,805人（平成23年度）と、京阪の中ではもっとも利用者の多い駅です。京橋駅も向谷実作曲の発車メロディを採用しています。

　1910（明治43）年の京阪本線開業と同時に開業、当時の地名東成郡鯰江村大字蒲生の地名をとって「蒲生駅」と言っていました。1932（昭和7）年に国鉄京橋駅東側に移転、1949（昭和24）年に国鉄との乗り換え駅であることを明確にするために「京橋駅」と改称されました。

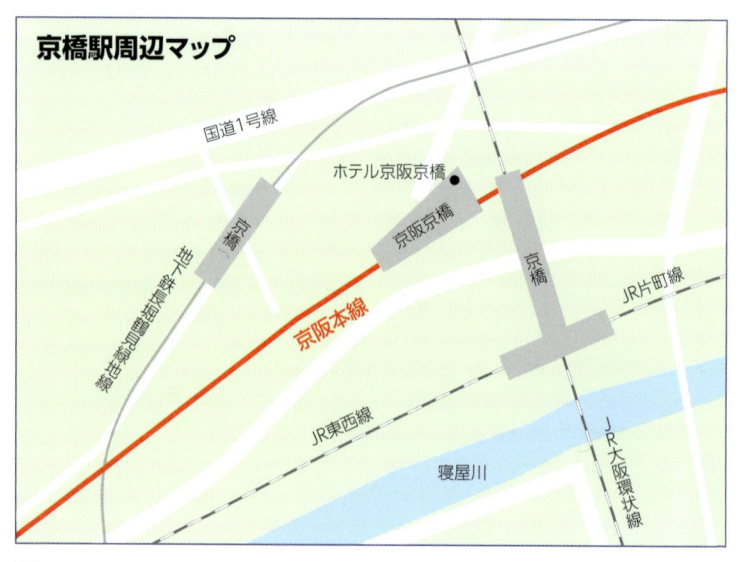

京橋駅周辺マップ

大阪環状線、片町線など 5路線が交差する 大阪北東部の玄関駅

上／京橋駅は京阪本線のほかに、JR大阪環状線やJR片町線、JR東西線、大阪市営地下鉄長堀鶴見緑地線が乗り入れる交通の要衝だ　左／コンコースが吹き抜けになっている京阪京橋駅　写真提供：河野孝司(2枚とも)

今の駅名の由来になっている京橋は、この駅の天満橋寄りの大川と寝屋川の合流地点近くの大阪城北側にかかっており、その近くに別の「京橋駅」が存在していました。しかし天満橋駅に近いという理由で、8か月で廃止になっています。

地上1階から4階のホームへ一気に！

1969（昭和44）年の再移転にともない2面4線を持つ高架駅に改築。駅ビルの中に内包され、3階部分が改札口とコンコースに、4階部分がホームになっています。改札口はJR大阪環状線側の1階にある中央改札口、天満橋寄りの2階にある片町口改札口、3階にある京阪モール3階連絡改札口（京阪モール営業時間内のみ利用可）の3か所で、1階にはエレベーター専用改札口がありますが、きっぷ売場がありません。1階の中央改札口からは3階のコンコースや4階の三条・出町柳方面のホームまで一気に登るロングエスカレーターを設置。JRや市営地下鉄からの乗り換えがスムーズに行えるよう工夫されています。片町口からは大阪ビジネスパークへ通じるペデストリアンデッキがあり、雨の日でも濡れずに行くことができるようになっています。第4回近畿の駅百選に選出されています。

> **マメ蔵　京橋**……駅名の由来になっている京橋は、京橋駅から1.2km離れたところにあります。大阪城の北側の寝屋川にかかり、天満橋駅のほうが近い場所です。京街道の起点で東海道五十七次の終点、大阪の玄関口として賑わっていました。

中之島駅　無垢の木材とガラスを多用 水都・大阪と「和」のテイストを表現

2008(平成20)年、中之島線のターミナル駅として開業した中之島駅。大阪国際会議場やホテルなどがあります。

中之島線のターミナル駅

　かつて天下の台所と言われ、江戸時代に蔵屋敷が立ち並んだ中之島。明治期は商業やビジネス以外にも、中之島図書館や大阪市中央公会堂などの文化施設や大阪帝国大学（現・大阪大学）をはじめとする大学や病院が建設され、近代商都大阪において文化や情報の発信基地でした。現在も大阪を代表するビジネス街であることには変わりありませんが、大阪大学や大阪大学医学部付属病院の跡地でさらに開発が続いています。中之島線開業も開発のひとつで、その起点駅となるのが中之島駅です。副駅名にもなっている「**大阪国際会議場**」は駅と隣接しており、出口を出てすぐのところにあります。また、70年以上の歴史を誇るリーガロイヤルホテルは地下通路で連絡しています。

　建設当初、仮称は「玉江橋駅」でしたが、2008(平成20)年10月に京阪中之島線開業と同時に現駅名で開業しました。向谷実作曲の発車メロディを導入。駅は地下駅で、地下1階がコンコース、地下2階がホームです。地下1階には中之島変電所が設置されています。また、環境対策として堂島川からくみ上げた水を熱交換して空調に使用しています。

中之島駅周辺マップ

- 中之島線
- 国立国際美術館
- 市立科学館
- 中之島
- リーガロイヤルホテル
- 大川
- グランキューブ大阪(大阪国際会議場)

1番のりばを切り欠いて3番のりばが設けられた1面3線のホーム構造

中之島駅の京阪インフォメーションギャラリー
写真提供：河野孝司

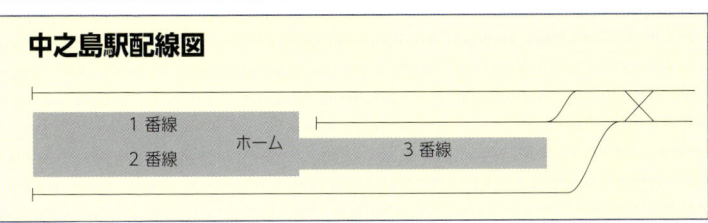

中之島駅配線図

　ホームは1面3線になっていますが、これは1番のりばを切り欠いて3番のりばがある階段状のホームになっているためで、淀屋橋駅のホームと似た構造になっています。ホームの終端部にはなにわ橋と大江橋間で実際に使用されたシールドマシンのカッター部分の一部がモニュメントとして保存展示されています。

水都・大阪のビジネス街にふさわしい駅づくり

　中之島線の4駅すべてには共通コンセプトとして「木（無垢）」「ガラス」などの素材を使っています。「木」を使うことによって公園の木々や街路樹を表現し、国際都市であるがゆえに求められる「和」の感覚や、落ち着いた大人の街中之島を、「ガラス」を使うことによって川の水面を表現し、水都・大阪を演出しています。
　中之島駅では、ホームの壁と地下1階コンコースの大阪国際会議場寄りの壁や天井に木材を使用、改札口付近の壁面に波型ガラスを使用して、コンセプトに沿った駅を作り上げています。ちなみに使用している木材はすべて不燃木材です。

> **マメ蔵　大阪国際会議場**……愛称は「グランキューブ大阪」。地上13階、地下3階の鉄骨造りの建物で、高さは104.51mあります。メインホールは最大2,754人の収容が可能で、その他の会議室やイベントホールではコンサートや展示会も行われます。

守口市駅　格子戸のトリックを生んだ江戸川乱歩ゆかりの高架駅

京阪電鉄開業の1910(明治43)年に同時開業した守口市駅は、大阪市のベッドタウンとして、家電の街として通勤利用者が多い駅です。

家電の街を支える玄関口

　守口市駅には、旧三洋電機と、門真市にまたがるパナソニックの工場があります。家電の街と大阪市に隣接するベッドタウンの2つの顔を持っています。駅の北側には豊臣秀吉時代の文禄堤（のちの京街道）や守口宿の遺構があり、当時の面影をしのぶことができます。1971(昭和46)年に「守口駅」から「守口市駅」に改称しました。1日の乗降客数は43,152人(平成24年度)。向谷実作曲の発車メロディを採用しています。

　1910(明治43)年、京阪電鉄開業と同時に開業、同時に電車に送電する変電所も併設されました。1918(大正7)年に京都駅側に守口車庫が作られ、1972(昭和47)年まで使われていました。その後、跡地の一部に京阪百貨店1号店が建てられています。

　3層構造の高架駅で、1979(昭和54)年に京都方面行ホームが、1980(昭和55)年に大阪方面行きホームがそれぞれ高架化され、改札口・コンコースは2階、ホームは3階にあり、改札は東西2か所に設置されています。東改札口には京阪百貨店が隣接し、駅と直結しており買い物に便利です。

　複々線区間に位置しており、島式2面4線のホームで快速急行・準急な

守口市駅周辺マップ

3層構造高架駅の東口改札には京阪百貨店の1号店が隣接する

上／駅と直結している京阪百貨店　右／駅前はロータリーになっており、バス乗り場もある
写真提供：河野孝司（2枚とも）

どの快速列車と各駅停車との接続を可能にしています。早朝の一部を除いて、中央寄りの2・3番のりばに準急・急行・快速急行が停車し、外側の1・4番線のりばに各駅停車・区間急行が停車します。

江戸川乱歩の原点がここに

　推理作家・江戸川乱歩は、大阪毎日新聞社への通勤にこの駅を利用していました。その帰宅途中に線路沿いの古い枕木を使った柵の向こう側の風景が歩くと次々現れては消えるのを見て、明智小五郎が初登場する『D坂の殺人事件』の棒縞の浴衣と格子戸のトリックを思いついたそうです。また、グリコ・森永事件の犯人グループによる森永製菓脅迫事件の際、犯人側の最終的な現金受け渡し指定場所が守口市駅東口だったという、普通のベッドタウンの駅ですが、少しミステリーに縁がある駅です（ちなみに、犯人は現れていません）。

　乗り換え駅に大阪市営地下鉄谷町線守口駅がありますが、あまりアクセスはよくありません。

> **マメ蔵**　**元祖守口大根**……愛知県名産の守口大根ですが、その発祥はこの守口市。1m以上の細長い大根で、豊臣秀吉が立ち寄った際に食べたこの大根の漬物に「守口漬」と名付けたことからきています。最近は復活に向けての活動が行われています。

西三荘駅　関連工場や事業所が建ち並ぶパナソニックの"門前駅"

門真の西部守口の東部という位置関係ながら、全く新しい駅名を付与。ささやかなプライドがそこにあります。門真駅の廃止から生まれ、働く人たちを支える駅は、乗降するためだけのシンプルな機能美に溢れています。

電機メーカーとともに発展してきた

　朝夕のラッシュ時には、スーツ姿より作業着姿のスタッフが目立ちます。まさに「働くための駅」といった雰囲気に溢れます。

　それもそのはず、周辺には日本を代表する電機メーカー「パナソニック」関連の事業所、工場が多く立ち並んでいます。パナソニックの前身は「松下」だったことから、2000（平成12）年頃までは車内放送で「西三荘・松下前」と呼んでいたことがあります。

　この駅の歴史は意外にも新しく、1972（昭和47）年11月28日、守口（現在の守口市）〜寝屋川信号所間の連続立体交差化と複々線化工事にともなって新設されました。ここから約200m京都寄りにあった「門真駅」は廃止されたことから、実質的には門真駅の移転と言えるでしょう。

　この新駅名には当初、「西門真」と「東守口」の2案がありましたが、結果的には駅の下を流れる「西三荘水路」から命名されました。この水路は現在、地中化されたために往時の面影は残っていません。

西三荘駅周辺マップ

パナソニック
パナソニックミュージアム
松下幸之助歴史館
京阪本線
西三荘

通過線2本を持つ2面2線ホームの高架駅は地下を流れる西三荘水路から命名

上／西三荘は外側2線にホームがあり、内側2線が通過線となっている　左／パナソニック関連の施設は、駅出口を出てすぐ　写真提供：河野孝司(2枚とも)

ロータリーや駅前広場は存在しない

　駅の構造は相対式2面2線ホームの高架駅で、通過線2本を挟んでいます。ホームの有効長はともに8両編成分。1、2番線の間に通過線がありますが、ホームはなく、複々線の外側2線だけがホームになっています。改札とコンコースは2階に、ホームは3階に設置されていて、改札口は1か所だけです。

　改札の外にはコンビニがあるほか、高架下には「エル西三荘」と呼ばれる豊富な飲食店モールがあって、仕事帰りのビジネスマンたちを癒すオアシス的な存在になっています。

　2001（平成13）年5月には車椅子用階段昇降機「エスカル-L」が、2009（平成21）年12月には身体障害者対応のエレベーター3基が造られたほか、車イス利用者やオストメイト使用者にも対応した多目的トイレが設置されるなど、バリアフリー化が施されています。

> **マメ蔵**　**パナソニックミュージアム　松下幸之助歴史館**……創業者・松下幸之助の生涯と企業の歴史を伝えるもので、建物の外観は当時建設された本社社屋を再現しています。ここでしかお目にかかれない展示物が満載。スーパーアイロン、丸型反射式電気ストーブや電気コタツ第一号は必見の逸品です。

3章 ● 京阪電気鉄道の駅と車両基地のひみつ

門真市駅　タイガー魔法瓶、東和薬品などが本社を構える

鬼門というジンクスを跳ね除け、企業とともに発達を遂げた門真市の玄関口です。モノレール延伸でさらに便利になりました。

世界的企業を抱える門真市の玄関口

　門真市駅は、大阪市のベッドタウンであると同時に、タイガー魔法瓶、東和薬品といった日本を代表する企業や、模型業界では高い造形技術で世界的に有名な海洋堂が本社を構える企業の街という、守口市駅同様2つの顔を持つ、門真市の中心となっている駅です。「かどま」と読めない人も多く、難読駅のひとつです。

　京阪電鉄開業を機に企業誘致などで産業都市としての発展に力を入れていましたが、大阪城の東北に位置し、鬼門ということから企業誘致が進みませんでした。1933（昭和8）年に松下電器製作所（現・パナソニック）が進出に成功、それ以降は企業城下町として発展することになります。高度経済成長期には大阪都市圏の拡大により宅地化も進み人口が急増、それにともなって利用者も増えていきました。

　企業の本社があるため朝夕は通勤での利用者が多い駅ですが、普通列車と区間急行のみの停車で、特急、快速急行、急行、準急は停車しません。

門真市駅周辺マップ

大阪モノレールの延伸で1997(平成9)年に現在の橋上駅舎が誕生

上／頭上に高速道路が通っているため、ホームは地上に設置されている
左／大阪モノレールの乗り換え駅として橋上駅舎となった　写真提供：坪内政美(2枚とも)

　1971(昭和46)年、京阪本線の門真〜古川(現・古川橋)間の近畿自動車道大阪中央環状線との交差部分に新門真駅として開業しました。開業当時より通過線2本を挟んだ相対式2面2線のホームでしたが、1975(昭和50)年の門真駅の廃止と西三荘駅の開業の際に、「門真市駅」と改称しました。

大阪モノレールも延伸、さらに便利に

　1997(平成9)年、大阪モノレールの延伸にともない、乗り換え駅として橋上駅舎に建て替えられました。改札口は2階に1か所。ホームへはもちろん改札口から1階の外へ出る場合にも不便のないよう、エレベーターを設置するなど、バリアフリーを施してあり、第6回「大阪府・心ふれあうまちづくり賞」で『大阪府知事賞』を受賞しています。

　前後の区間は高架になっていますが、近くで近畿自動車道大阪中央環状線の高架と交差するため、線路は地上を走っています。1日の乗降客数は33,590人(平成23年度)。大阪モノレール(大阪高速鉄道)の乗り換え駅となっています。連絡路でつながっており、大阪空港へのアクセスが良くなっています。

> **マメ蔵**　**門真のレンコン**……門真といえば家電の街のイメージがありますが、実は古くから河内レンコンの産地として知られた場所です。蓮畑から生まれた「蓮ちゃん」というゆるキャラがいて、門真地域をPRするために活躍しています。

寝屋川市駅　1日6万8,400人の乗降客数は京橋、淀屋橋、枚方市に次いで4番目

街のシンボルである寝屋川が街と融合している駅前開発が魅力的な寝屋川市駅。人と自然が上手く同居しています。

20年もかけて整備された駅構内

　寝屋川市駅は、京阪本線開業の1910（明治43）年に開業した京阪間の主要駅であり、寝屋川市の中心駅です。開業当時は「寝屋川駅」と言っていましたが、1951（昭和26）年に市制発足にともない「寝屋川市駅」に改称しました。1963（昭和38）年の豊野駅の廃止にともない現在の位置に移動しました。1982（昭和57）年に高架化、都市計画が決定、20年の歳月をかけて高架駅が完成しました。バリアフリー構造となっており、東西の各駅前広場も整備されました。

　1日の乗降客数は68,400人（平成24年度）と、京阪の中では京橋、淀屋橋、枚方市駅に次いで4番目に多くの乗降客が利用します。朝夕は通勤・通学客で混雑していますが、特に朝のラッシュ時の下りの通勤快急や通勤準急は関西有数の混雑度で、押し屋が必要な列車があります。

　ホームは3階にあり対向式ホーム2面2線、天井が高く開放的。特急以外の全列車が停車します。萱島駅〜寝屋川市駅の間には寝屋川車庫・工場がある関係で、早朝・深夜にはここを始終点とする列車があります。

寝屋川市駅周辺マップ

東口ロータリーは路線バス、高速バス、空港リムジンバスなどが発着する地域拠点駅

上／寝屋川市駅のホームは天井が高く開放感が一杯だ　左／東側のターミナルからは路線バスや高速バスが発着する　写真提供：坪内政美（2枚とも）

3章 ● 京阪電気鉄道の駅と車両基地のひみつ

都会と自然、東西対照的な駅前が魅力

　改札口は2階の南改札口と北改札口の2か所。1階は商業施設になっています。南改札口の東側にはグッドデザイン賞を受賞したペデストリアンデッキがあり、商業施設や銀行、証券会社、市民ギャラリーなどが入ったアドバンスねやがわ2号館や東口ターミナル、ねやがわいちばんがい商店街と連絡しており、雨の日でも傘を差さずに移動できます。東側ターミナルからは路線バス、徳島行きの高速バス、関西空港への空港リムジンバスなどが発着、駅としての機能が強化されています。

　駅西側にはすぐ近くを流れる寝屋川を整備した「寝屋川せせらぎ公園」があります。駅前広場に隣接した220mは親水エリアになっており、デッキ、船着場、遊歩道、沈下橋、自然石を積んだ生き物生息環境などが配置され、東側とは対照的に都会の中にありながらも自然が体験できる市民の憩いの場となっています。

> **マメ蔵**　**友呂岐緑地**……寝屋川市〜萱島間の約3.5kmの緑地に沿って、約500本の桜の並木が続く友呂岐（ともろぎ）緑地。寝屋川沿いを並行して流れていた2本の水路を1本にまとめて作られた緑道で、寝屋川市駅前には「寝屋川せせらぎ公園」が隣接しています。

枚方市駅　交野線の始発駅で行楽用快速特急以外の全列車が停車する

郊外型の大規模団地をかかえる枚方市駅は成熟期を迎え、駅前開発などが盛んに行われています。

大規模団地を抱える大阪のベッドタウン

　枚方は、京街道の宿場町にあり、市役所も置かれた北河内の中核的都市です。郊外型大規模団地の先駆けである香里団地などをかかえる大阪市のベッドタウンでもあり、朝夕のラッシュ時は通勤・通学客で混雑します。「まいかたし」と読み間違える人も多く、難読駅のひとつです。

　1910（明治43）年の京阪開業当時は京阪本線の「枚方東口駅」として開業しました。現在の「枚方公園駅」が「枚方駅」でしたが、「枚方東口駅」が枚方の中心駅となっていったことから、1949（昭和24）年に「枚方市駅」と改称されます。「〜市」をつけたのは隣の枚方駅（現・枚方公園駅）と混同しないためで、京阪が営業している「〜市駅」と付く駅の中でももっとも歴史が古い駅です。

交野市や私市方面に向かう京阪交野線の始発駅でもあります。同線は1929（昭和4）年、信貴生駒電鉄枚方線として開業したのち、交野電気鉄道、京阪神急行電鉄を経て、1949（昭和24）年に京阪の路線となりました。

枚方市駅周辺マップ

京阪唯一の島式3面6線ホーム
1日90,849人の乗降客数は京阪3位

上／枚方市の駅前は行政や市役所、ショッピングセンターまで何でも揃うように開発中　右／色とりどりの京阪バスの発車案内　写真提供：坪内政美（2枚とも）

　行楽用に運転される快速特急列車を除き、すべての列車が停車します。周辺では宅地開発などが行われており、1日の乗降客数は90,849人（平成24年度）と、京阪の中では京橋、淀屋橋に次いで3番目に多い駅です。向谷実作曲の発車メロディが導入されています。

　京阪唯一の島式3面6線ホームで、基本的に1〜4番線の2面4線が京阪本線用に使われていますが、2・3番線が待避線となっています。交野線は5・6番線の1面2線です。

駅前開発は只今進行中

　1993（平成5）年に高架駅になり、改札口は大阪方面の中央改札口と、京都方面の東改札口の2か所で、いずれも2階にあります。駅の高架下には京阪百貨店、京阪ザ・ストアなどが入る京阪枚方ステーションモールがあり、ショッピングや食事に便利です。また、駅南側の駅前広場を中心に広がるエリアには、市役所や市民会館など主要な行政機関や文化施設があり、枚方の中枢という重要な役割を担っています。

　現在、駅周辺では大規模な開発が計画されており、新たな街の顔が誕生する予定です。

> **マメ蔵**
> **ツタヤ発祥の地**……CDやDVDのレンタルでおなじみのツタヤ。この発祥の地が枚方市駅前にあります。現在の枚方駅前本店として営業しています。今では大手のレンタルショップですが、当初はレコード店で、洋楽のLPのレンタルを始めたそうです。

私市駅　交野線の終着駅
駅名は皇后領の「私部」に由来

周辺には星ヶ丘、天の川といった地名も。古くは皇后領だったという由緒正しき地名が由来の難読駅名。かつては「おりひめ」と「ひこぼし」という名前の列車も走っていた京阪随一のメルヘン・スポットへのアプローチです。

車止め正面に駅舎が建ち、ホームは2面2線の相対式

　「きさいち」と読む、京阪電気鉄道でも難読中の難読な駅名です。

　この駅名の由来はいにしえに遡ります。「きさ」は「皇后（きさき）」のことで、周辺は昔、皇后領でした。そして皇后のために農耕などを行う人々が「私部（きさいべ）」と呼ばれました。この中心の村が私部内（きさいべのうち）と呼ばれて、やがて私市と書かれるようになり、読み方も訛って「きさいち」になったということです。

　枚方市からは約15分。5両編成が停車できる、2面2線の相対式ホームを有する交野線の終着駅。1929（昭和4）年7月10日に、信貴生駒電鉄枚方線の駅として開業しましたが、路線譲渡や会社の統廃合により、交野電気鉄道、京阪神急行電鉄と変わり、1949（昭和24）年12月1日に現在の京阪電気鉄道の駅となりました。

　駅舎は車止めの正面に建っており、三角の屋根と正面の丸い窓がメルヘンチック。府民の森くろんど園地など、ハイキングコースのスタート地点ということで、山小屋風のデザインが採用されました。

私市駅周辺マップ

ハイキングスポットへのアプローチ駅はとんがり屋根を持つ山小屋風

上/ラッピング電車の運転時刻表　右/とんがり屋根が特徴的な駅舎　写真提供：坪内政美（2枚とも）

かつては直通運転や特別列車もあった

　基本的には枚方市までの折り返し運行形態ですが、2003（平成15）年秋のダイヤ改正で京阪本線との直通列車が運転。平日朝にK特急「おりひめ」、平日夕方に準急「ひこぼし」が走りました。

　また2004（平成16）年から2006（平成18）年まで毎年7月7日の夕方には、私市発天満橋行きの臨時K特急「おりひめ」を運行して、午後7時過ぎに一夜だけ両列車が当駅に並ぶ「ひらかた☆かたの 七夕伝説」というイベントを実施。ところが残念ながら2013（平成25）年3月16日のダイヤ改正によって、ファンシーな列車運行やイベントは廃止されることになりました。

　現在、平日の7時〜8時の5本の列車が1番線からの発車となる以外はすべて2番線から発車。発車メロディが導入されていて、かつて平日朝に運行されていたK特急の発車時には、普通列車とは異なるメロディが使用されていました。

　以前はさらに南へ、生駒から王寺方面まで延長する計画があったらしく、駅の構造や駅前の地割などにその痕跡が残っています。

> **マメ蔵**　星のブランコ……1997（平成9）年10月完成の人道吊り橋で全長280m、高さ50mとわたるだけでスリリングな体験ができます。さらに上方へ10分ほど歩くとウッド製の展望デッキがあり、星のブランコが眼下に見え、交野市の美しい夜景が望めます。

樟葉駅　高級住宅地として知られる くずはローズタウンの下車駅

京阪が造り上げた「西の田園調布」の玄関口。周辺はお洒落なショップや大規模な商業施設が建ち並び、街も人もフレッシュで若々しいイメージ。50年前のローカルな駅が特急停車駅にまで大成長した舞台裏には何が？

周辺は京阪がニュータウンとして開発

　ニュータウンの駅の1日は慌ただしく始まります。早朝からビジネスマンや学生たちで改札口が賑わったかと思えば、昼過ぎには閑散として、午後は買い物が目的の主婦など客層が入れ替わります。そして17時を過ぎると、再び通勤・通学の人で深夜まで駅が混み合う……そんな毎日が日々繰り返されています。

　京阪本線のほぼ中間に位置する樟葉。ここは「**くずはローズタウン**」を中心に高級住宅地として知られ、沿線で一番住みたい街と言われています。

　周辺は京阪が完全にニュータウンとして開発したエリアで、東側が大発展。淀川河川敷に「樟葉パブリック・ゴルフ・コース」、駅の反対側には京阪百貨店、ダイエーグルメシティ、イズミヤ、カフェなど約240店の専門店が軒を連ねた大型ショッピングモール「KUZUHA MALL」があります。

樟葉駅周辺マップ

大型ショッピングモール「KUZUHA MALL」が人気の京阪一の"気になる駅"

上／日本の中世に、主に牛や馬などを管理していた楠葉牧の石碑は駅前にある　右／樟葉駅は市の中心地となる機能が備わっている　写真提供：坪内政美(2枚とも)

牧歌的な山里の駅は急激に乗降客が増加

　かつては田畑で囲まれた閑散とした駅でしたが、乗降客数は1961（昭和36）年に1,560人であったのに対して、1972（昭和47）年に22,000人、1977（昭和52）年に46,000人、1983（昭和58）年11月には63,400人にまで増加しました。

　京阪サイドは中期経営計画「ATTACK 2011」においても、中之島・京都地域とともに最重点エリアと見なしており、大阪方面からは日中や夕方の急行、朝と夕方以降の一部の準急がここで折り返すほか、ラッシュ時には当駅止まりの快速急行も存在。また一部の通勤準急はこの駅から発車しています。

　駅の構造は島式2面4線ホームのシンプルな高架駅で、改札とコンコースは1階、ホームは2階。改札口は1か所で、淀川の反対側に駅舎入口があります。外側の1番線と4番線が主本線で、内側の2番線と3番線が待避線であり、8両編成の電車が停車可能。加えて、折り返し列車用の引上線も淀屋橋寄りに1本、出町柳寄りに2本あります。

　特急停車駅ということで、発車時には向谷実作曲のメロディが流れる仕組みになっています。

マメ蔵　**くずはローズタウン**……開発から30余年の歴史を持つ美しい街並みの名称は当時の「ひらかた大バラ園」にちなんだもの。「花と緑と太陽の街」をキャッチフレーズに、公園や並木道など設備の美観から、商業、医療、教育の各施設が計画的に整備されてきました。

中書島駅　龍馬ゆかりの寺田屋も近い京阪本線と宇治線の接続駅

古くから京都と大阪を結ぶ交通の要衝として栄えた中書島駅は、現在、大阪や京都へ通う通勤・通学に利用されているほかに、伏見観光のターミナル駅になっています。

駅名にも歴史あり

　中書島駅は、京阪本線と宇治線の接続駅です。付近は特に宇治川を利用した水上交通が発達しました。駅南西には、かつての伏見港をイメージした伏見港公園があり、市民の憩いの場となっています。近くには坂本龍馬で有名な**寺田屋**や酒蔵などがあります。

　相対式ホームの間に島式ホーム１面がある３面４線の地上駅です。駅舎は南北に２か所あり、各ホームは跨線橋と地下通路で連絡しています。跨線橋と各ホームにはエレベーターも設置されています。

　1910（明治43）年の京阪開業と同時に開業した中書島駅。文禄年間（1592～96年）に天皇の補佐や、詔勅の宣下や叙位など、朝廷に関する職務全般を担う中務少輔の職にあった脇坂安治が、宇治川の分留に囲まれた島に住んだことから、駅周辺が「中書島」と呼ばれるようになりました。実際に地名には使われてはいませんが、駅の名前がその足跡を伝えています。ちなみに、中書とは中務少輔の唐名（中国の読み方）で、おなじみの

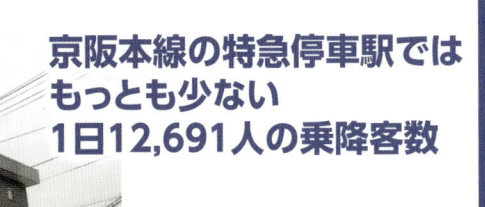

京阪本線の特急停車駅ではもっとも少ない1日12,691人の乗降客数

上／宇治線が分岐する中書島。駅付近は宇治川の支流に囲まれて島のようになっていたことから中書島という駅名になった　右／待合室は、日本家屋のようなつくりだ　写真提供：坪内政美（2枚とも）

水戸黄門の"黄門"は権中納言の唐名です。

　1913（大正2）年、京阪宇治線が開業し、駅を移設して乗り換え駅になります。いずれも宇治川とを結ぶ濠川にあった伏見港への接続が目的でした。当時の伏見港は琵琶湖や大阪へ蒸気船が就航しており、重要な輸送の拠点でした。1914（大正13）年には京都電気鉄道伏見線も、伏見港と京都へのアクセス手段として中書島駅へ延伸しました。その後伏見港へ側線が建設されていますが、完成した頃には水路は衰退し、使用することなく撤去されています。その後、1970(昭和45)年に京都市電伏見線が廃止されます。

歴史の名所めぐりを満喫

　豊臣秀吉が伏見城の城下町として発展させたこの中書島・伏見界隈は、陸上交通が発達する明治時代まで、水上交通の拠点として繁栄してきました。いくつもの舟が行きあい、商人が一同に集まる大港町だったのです。伏見城の外堀の濠川には今も十石舟が運航しており、風に吹かれながら歴史を体感することができます。さらに、酒蔵や寺田屋の前を通りながら、当時に想いをはせて旅情を楽しむこともできます。伏見の名水からつくられる酒・豆腐など、食の楽しみも忘れてはいけません。

> **マメ蔵**　寺田屋……寺田屋は明治維新の立役者、坂本龍馬ゆかりの旅館。寺田屋騒動の際に残された刀傷や、おりょうが駆け上がった階段など、当時の様子を伝える写真の展示などがあります。寺田屋は、現在でも素泊まりで宿泊が可能です。

宇治駅　私鉄の駅として初めてグッドデザイン賞に輝く個性派駅

私鉄では初のグッドデザイン賞を受賞した圧巻の豪華駅舎は、コンクリートの色と質感が不思議と古都の町並みにマッチ。JRや他社に決して譲らなかった「宇治」という駅名には、並々ならぬこだわりが感じられます。

歴史的な建造物に引けを取らない駅舎

　大きな円が描き出す独特なデザインと、コンクリートの落ち着いた色合いがモダンで個性的な駅舎。自然光がコンコースに差し込むと、まるで宇宙空間のような不思議な開放感が広がります。京都の南の玄関口であり、平等院や宇治上神社など世界遺産に登録された歴史的な建造物や、秀吉の茶の湯にゆかりのある宇治川や宇治橋の最寄り駅ということで、休日には観光客で賑わいます。

　歴史のある建築に負けない強烈な個性がここにあります。デザインは南海特急の「ラピート」も手がけた建築家の若林広幸氏。1996(平成8)年に、私鉄の駅として初めてグッドデザイン賞に選定され、京阪では坂本駅とともに「第1回近畿の駅百選」にも選定されました。

かつては京都からの直通列車もあった

　JR奈良線に同じ名前の駅があり、混同されないように京阪宇治駅と呼ばれることも。交通新聞社発行の『JR時刻表』や『コンパス時刻表』の

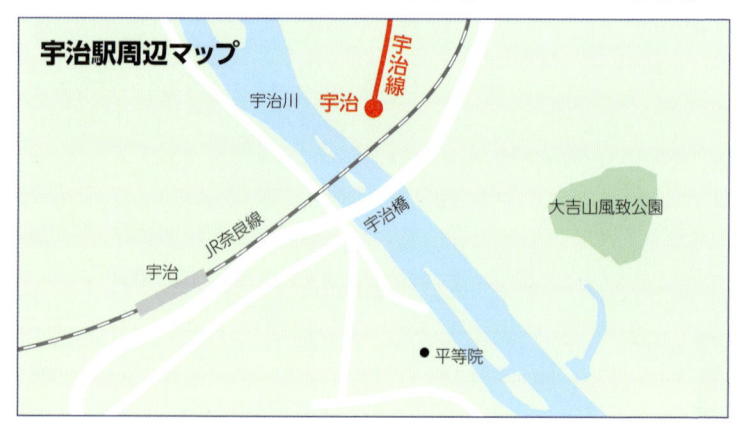

宇治駅周辺マップ

宇治線の終着駅は京都の南の玄関口 改札口やコンコースは不思議な開放感

上／近代的な駅舎が特徴的な京阪宇治駅の駅舎　右／改札口周辺は洒落たデザイン
写真提供：坪内政美（2枚とも）

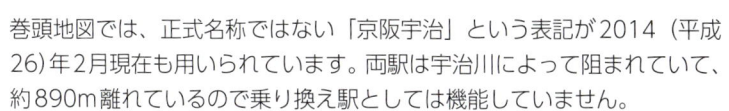

　巻頭地図では、正式名称ではない「京阪宇治」という表記が2014（平成26）年2月現在も用いられています。両駅は宇治川によって阻まれていて、約890m離れているので乗り換え駅としては機能していません。

　1913（大正2）年6月1日、京阪宇治線開通と同時に、終着駅として開業。1995（平成7）年6月17日には駅前再開発にともなって、中書島寄りに180m新築移設。これによって、2線路を凹型に抱き込む形状のホームは、頭端式1面2線のホームに変更されました。

　現在のホームの有効長は5両で、ほとんどの列車は2番線から発車。1番線は平日の朝ラッシュ時と夜間、土・休日に1本だけ使用されています。

　列車はすべて中書島までの運転のため、淀屋橋・中之島方面と出町柳方面は乗り換えなければなりませんが、かつては京都方面から直通列車も運転されていて、中書島でスイッチバックしていました。また観光シーズンには、大阪方面からの臨時列車「宇治快速」などが運転されていたこともあります。

> **マメ蔵　宇治茶**……宇治市を中心とした京都府で生産される日本茶の高級ブランドで、静岡茶、狭山茶と並んで「日本三大茶」と称されます。これを材料にした「宇治抹茶生チョコレート」や「濃茶のしらべ」など、京都ならではのスイーツも好評を博しています。

丹波橋駅　すべての列車が停車する伏見桃山城へのアクセス駅

かつては奈良電気鉄道(現・近鉄京都線)と共同使用をしていた丹波橋駅。現在は近鉄京都線との乗り換え駅として多くの人が行き交います。

近鉄京都線との連絡駅

　丹波橋駅は、京阪本線の開業から2か月遅れで伏見(現・**伏見桃山**)～墨染間に開業しました。当時の駅名は「桃山駅」といい、1913(大正2)年に現在の駅名に改称されています。1945(昭和20)年に奈良電気鉄道(現在の近鉄京都線)との共同駅となり相互乗り入れが開始されましたが、近鉄側が電圧を600Vから1,500Vに上げることになり、電圧が異なってしまうので1968(昭和43)年に相互乗り入れは廃止されました。それに合わせて近鉄丹波橋駅を開業し、駅を独立させています。のちに京阪も、1,500Vに電圧を上げていますが、乗り入れされることはなく連絡線も撤去されています。

　島式2面4線のホームを持つ待避可能駅。内側の2・3番線が主本線で、外側1・4番線が待避線になっています。改札口は地下にある北改札口と橋上にある南改札口の2か所で、すべてのホームにエスカレーターとエレベーターが設置されています。近鉄京都線の近鉄丹波橋駅とは南口から連絡路でスムーズに乗り換えができます。

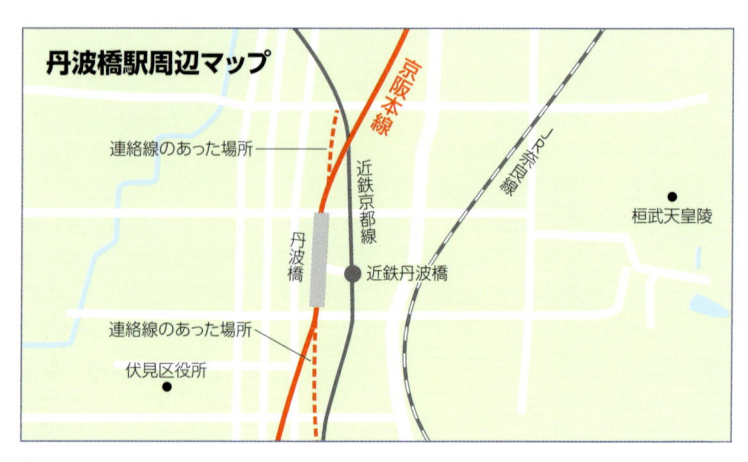

丹波橋駅周辺マップ

近鉄京都線の近鉄丹波橋駅に連絡
島式2面4線ホームの待避可能駅

上／行き止まりになっている左側の線路は、その先に奈良電気鉄道(現・近鉄京都線)との乗り入れのための連絡線があった　右／上の線路が京阪、下の線路が奈良電気鉄道で、手前の空き地になっているところに、連絡線があった　写真提供：河野孝司(2枚とも)

京都有数の乗降客を誇る駅

　普通列車をはじめすべての列車が停車。大阪や三条、祇園四条方面へ、また、近鉄を利用すると京都駅や奈良方面へ1本でアクセスできるという利便性から1日の利用客数が50,754人(2011年版私鉄市内駅乗降客数)と、京都市内の京阪の中ではもっとも利用客が多い駅です。向谷実作曲の発車メロディが導入されています。

　駅から東へ約1kmのところに、豊臣秀吉によって築城され、徳川家康によって改築された伏見城をしのばせる伏見桃山城があります。これは1964(昭和39)年、城址にオープンした伏見桃山城キャッスルランドが開園した際に作られた鉄筋コンクリートの模擬天守ですが、キャッスルランド閉園後は市民の要望もあり伏見のシンボルとして残されています。

　丹波橋とはその伏見城の外堀・濠川に架けられた長さ約15mの橋の名前で、その東側に桑山丹波守の屋敷があったことから名づけられました。しかし、実際の橋と駅は約500m離れています。

> **マメ蔵**　**伏見桃山駅**……京阪本線開通と同時に伏見駅として開業し、のちに伏見桃山駅に改称されました。伏見区の中心部で、戦前は急行も停車していました。しかし、隣の丹波橋が奈良電気鉄道(現・近鉄京都線)との乗り換え駅となったことから急行停車駅の座を丹波橋に譲りました。

三条駅　今も拠点駅の機能を持つかつての京阪本線終着駅

京阪本線の終着駅だった三条駅は、鴨東線開業で途中駅となりましたが、交通の要衝であり変わらない賑わいをみせています。

京都の交通の要衝で観光の起点

　長らく京阪本線の終着駅だった三条駅。1989（平成元）年に出町柳駅までの鴨東線が開業し、途中駅となりましたが、市営地下鉄東西線との乗り換え駅として交通の要衝であり変わらない賑わいをみせています。大津方面へは京都市営地下鉄の三条京阪駅から浜大津行の電車に乗ります。

　駅は島式2面4線の待避施設を備えた地下駅で、1・3番線が主本線、2・4番線が待避線になっています。京都中心部にある七条～出町柳間の中ではもっとも規模が大きい駅です。改札口・コンコースは地下1階、ホームは地下2階にあり、すべての階がエスカレーターとエレベーターでつながっています。改札は北改札口と中央改札口の2か所あり、地上への出口は12か所、エレベーターは2か所に設置されています。

　1912(大正元)年に京津電気軌道（のちの京阪京津線・廃止）の三条大橋駅を開業し、1915(大正4)年に京阪本線が延伸し三条駅を開業しました。1923（大正12）年に三条大橋駅が京阪の駅の横に移転、1925（大正14)年に京津電気軌道が京阪に合併され、1949（昭和24）年に三条駅に

三条駅周辺マップ

京都市営地下鉄東西線 三条京阪駅への乗り換え駅 バスターミナルへも直結

上／三条は京都中心部の駅のなかで最も賑わう。京都市営地下鉄東西線に連絡する　右／準急や各駅停車は、上下線とも三条で特急の待ち合わせをする　写真提供：坪内政美(2枚とも)

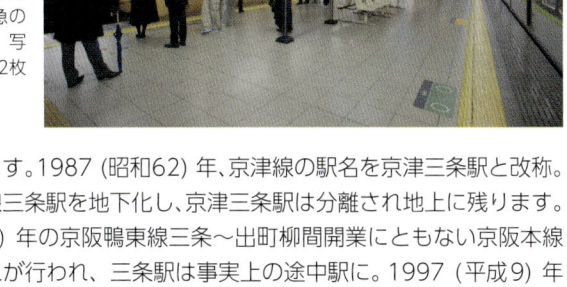

統合されています。1987(昭和62)年、京津線の駅名を京津三条駅と改称。その後京阪本線三条駅を地下化し、京津三条駅は分離され地上に残ります。1989(平成元)年の京阪鴨東線三条～出町柳間開業にともない京阪本線と相互乗り入れが行われ、三条駅は事実上の途中駅に。1997(平成9)年に京津線京津三条～御陵間廃止にともない、京津三条駅は廃止になりました。

京都の交通の拠点の中心

　1997(平成9)年に開業された京都市営地下鉄東西線「三条京阪駅」の乗り換え駅にもなっています。「三条京阪」とは地下鉄開業前からバス停の名称やエリアの名称として使われていたものです。京阪の京都市内のターミナル駅である三条駅前という意味があり、三条通京阪前に由来するそうです。そういわれているだけあって、地上にはバスターミナルがあり、京都の主要観光地への路線バスや空港リムジン、市内をめぐる定期観光バスなどののりばがあり、どこに行くにも大変便利です。

> **マメ蔵　土下座像**……三条大橋のたもとにある高山彦九郎銅像で、三条の有名な待ち合わせ場所のひとつとなっています。実は土下座ではなく京都御所に"拝礼"している姿だそうで、台座にそう記されていますが、京都人にとっては土下座像なのです。

出町柳駅　地下は京阪本線出町柳駅　地上は叡山電鉄出町柳駅

地上には叡山電鉄、地下には京阪電気鉄道鴨東線が同居する一大ターミナル。付近は時代に敏感な若者からビジネスマンまで、幅広い客層で夜遅くまで賑わいます。観光地へ向かう路線バスのアクセスも良好！

ホームに降りた瞬間からアートな雰囲気

　いつの時代もハイセンスな若者が集い、アーティストたちが思い思いのパフォーマンスを披露する鴨川の河川敷。付近には京都大学や同志社大学などの有名大学も多く、出町柳はそんな若々しい感性が溢れる駅です。京阪電気鉄道と叡山電鉄が共有しています。

　「出町柳」とは鴨川東側周辺の地名として定着していますが、元々は出町と柳（柳の辻）の二つの旧地名を合わせてできた駅名。ところが京阪電鉄側の所在地が「賀茂大橋東詰」なのに対して、叡山電鉄側は「左京区田中上柳町」と、両者が異なっているのが興味深いところです。

　駅舎は1993（平成5）年6月24日、「京阪出町柳ビル」が叡山電鉄に一括賃貸されて、叡山電鉄本社もこのビル内にあります。地上にある叡山電鉄の駅と、地下に建設された京阪電気鉄道鴨東線への出入口が一体となった二重構造になっています。

出町柳駅周辺マップ

叡山電鉄改札口までは ロングエスカレーターと オートウォークで 直結

京阪出町柳駅の叡電口の入口と叡山電鉄の出町柳駅は隣接している　写真提供：河野孝司

出町柳	黄緑
神宮丸太町	水色
三条	うすあけ(ピンク)色
祇園四条	ウコン色(黄色)
清水五条	青磁色(緑)
七条	薄藤色(紫)
北浜	茶色
淀屋橋	青

京阪地下駅のテーマカラー

地下駅では窓の外の風景は見えませんが、窓からホームの壁が見えると、色だけでどこの駅かが分かるので覚えておくと便利です

　構内には、京阪鴨東線の開通を記念した元・大谷大学教授下村良之介氏の「月明を翔く」、徳力富氏の「洛北八景」、京都市立芸術大学教授福島敬恭氏の「ダンシングブルー」などの作品が展示され、アート色の強い個性的な駅を演出しています。

長大なプラットホームを持つ完全な地下駅

　京阪電気鉄道のホームは1面2線の島式。黄緑色のカラーリングが印象的です。10両分の電車が停車できる長さがありますが、大阪寄りの2両分は現在使用されていません。また改札口は北寄りの「叡電口」と、南寄りの「今出川口」がありますが、下水道幹線の配線の都合で、ふたつの出口は改札を出たコンコースではつながっていません。そのためホームか地上を経由して行き来する必要があります。

　叡電口のエスカレーターはロングエスカレーターと呼ばれており、下りた先はオートウォークとなって、叡山電鉄改札口近くまで直結。今出川口は今出川通南側につながり、路線バス利用にはこちらが便利です。今出川通と川端通交差点の出入口は、北側が叡電口の改札コンコースに、南側は今出川口につながっています。

> **マメ蔵**　**賀茂川堤と高野川堤**……出町柳から上流の左手・賀茂川堤に約470本、右手・高野川堤に約330本、染井吉野の桜並木が続きます。北大路橋から北山大橋にかけての「半木の道」では、紅枝垂桜が約800mにわたって桜のトンネルを作ります。

京阪山科駅　山科盆地の北部に位置し東海道本線と連絡する京都東の玄関

山科盆地の玄関口として開業した「毘沙門道駅」を前身とする「京阪山科駅」。鉄筋二階建てのドームが印象的な駅舎が目印です。

今も昔も交通の要衝

　山科は三方を山で囲まれた盆地で、奈良時代に天智天皇が大津に都を遷した頃に滋賀と奈良を結ぶ要衝として開けた町です。北の安祥寺や東の音羽山、醍醐山の山麓には自然と名刹が今も残ります。

　京阪山科駅はこの山科盆地の玄関口で、JR東海道本線・湖西線・地下鉄東西線との乗り換え駅となっており、今も京都の東の交通の要衝となっています。

　相対式2面2線のホームの地上駅で改札は上下ホームの浜大津寄りにそれぞれ設けられています。互いのホームは構内踏切で連絡しています。

　駅のすぐ南に京阪バスのターミナルがあり、山科各地の住宅地や醍醐・六地蔵方面へのアクセスの起点となっています。

　1912(大正元)年8月、京津電気軌道古川町～札ノ辻(ともにのちに廃止)間の開業にともない、「毘沙門道」として開業しました。1921 (大正10) 年8月に「山科駅前」に改称。1925 (大正14) 年に旧京阪電気鉄道

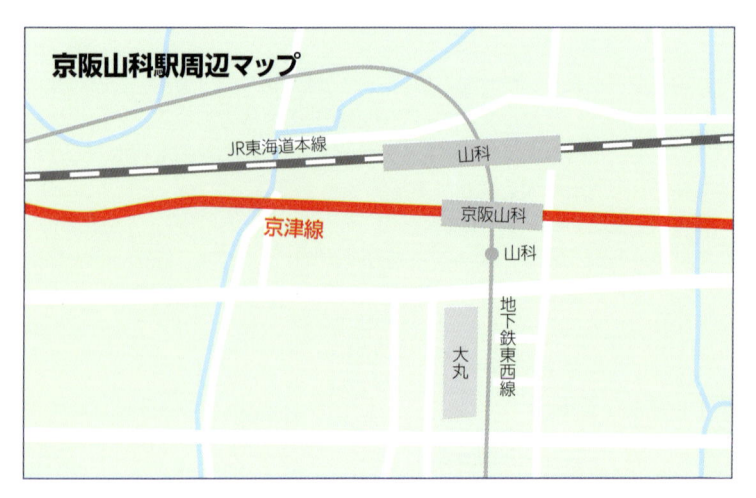

京阪山科駅周辺マップ

構内踏切で連絡する
相対式2面2線のホーム

上／京阪山科駅舎は現代的なデザインが特徴的で、ホームは2面2線の相対式　左／JR東海道本線や京都市営地下鉄東西線に乗り換えられるミニターミナルだ　写真提供：河野孝司(2枚とも)

京津線の駅となり、会社合併により京阪神急行電鉄を経て、会社分離により京阪電気鉄道の駅となりました。そして1953 (昭和28) 年に「京阪山科」に改称しました。

京都市内へのアクセスは運賃の複雑さがネック

　1997（平成9）年に京都市営地下鉄東西線開業にともない京津三条〜御陵間が廃止され、その区間では京都市営地下鉄へ乗り入れを開始しました。三条方面へのアクセスは京都市営地下鉄に移り、乗客は大きく減少しています。京都市内中心部から地下鉄山科駅を利用する場合は地下鉄の運賃のみですが、京阪山科駅を利用する場合は地下鉄の運賃に京阪の運賃が加算されるためという理由もあります。また、運賃形態が複雑なために事情を知らない利用客がそのまま京阪山科駅で下車し、加算料金を請求されるということも起こっており、発駅や車内アナウンスなどで注意喚起が行われています。

　大津線の他駅と同様、京阪本線各駅への連絡乗車券は購入できません。しかし、京都市営地下鉄烏丸線の丸太町駅や四条駅などへの連絡乗車券は購入することができるので、間違って購入しないよう注意書きがなされています。

> **マメ蔵　山科疏水**……大津の三保ケ崎から京都を横断しながら宇治川へ通じる琵琶湖疏水。京都市内の水源確保と水運利用のために、明治期に開削された人工河川で、その一部が京阪山科駅近くを通っており、散策路が設けられています。

浜大津駅　大津市の玄関口で京津線、石山坂本線の分岐駅

県庁所在地の主要駅には思えないロケーションが魅力。湖畔の駅にしてはモダンで実用一辺倒な造りです。橋上の駅舎から見下ろす広大な道路と電車の走行風景は、地元以外の人間の目には新鮮に見えます。

併用軌道を長い編成の電車が堂々と走る

　琵琶湖からの風がいい感じで吹き込んでくる駅。橋上駅だから、なおさらそう感じるのかもしれません。高い位置から町を見下ろすと、幅の広い道路を電車がダイナミックに横切りながら、次から次へと吸い込まれていく……。それが浜大津駅です。4両編成の電車が堂々と併用軌道を走る様子は、地元の見慣れた方には普通かもしれませんが、地方の人間からすれば、どこか不思議な光景に映るでしょう。

　京津線と石山坂本線の分岐駅で、大津市の玄関口ですが、県庁所在地の駅にしては島式1面2線のホームで意外にシンプルな構造になっています。京津線の電車は2番線に到着した後に、石山寺方向にある引き上げ線で一旦折り返して、「太秦天神川方面行き」として1番線に入線します。京津線の車両はホームとほぼ同じ高さに作られていますが、石山坂本線の車両は高さが違うために段差ができてしまいます。

浜大津駅周辺マップ

島式1面2線の
シンプルな構造
併用軌道の接続が
鉄道ファンの心をくすぐる

左／京津線の800系は浜大津を発車するとすぐに90度の左カーブを通過する　写真提供：坪内政美　下／ホームは共用で、石山坂本線の2両編成の電車も停車する　写真提供：河野孝司

複数の鉄道の運命に翻弄されてきた駅

　この駅の誕生は1880（明治13）年7月15日と古く、かつては東海道本線開業時の初代大津駅として開業。その後の人生は、まさに波瀾万丈。

　東海道本線がルートを変更することになり、ここは支線に格下げされて「大津線」の駅となり、駅名も浜大津に改称。1925（大正14）年には京阪京津線と江若（こうじゃく）鉄道が乗り入れることになり、石山坂本線南側の路上から北の船溜跡に移設。対向式凹ホーム1面の終着駅になったかと思えば、1957（昭和32）年には対向式Eホーム2面に改良されたり、駅の位置や構造がその都度変わります。

　結局、江若鉄道と国鉄の浜大津駅は1969（昭和44）年に廃止。現在の浜大津駅は1981（昭和56）年、びわこ国体に備えた大津市の都市計画事業の一環として、京津線の浜大津駅と石山坂本線を統合して、江若鉄道の浜大津駅跡地に建設されたものです。

マメ蔵　おおつ光ルくん……21世紀版の光源氏。2009（平成21）年2月18日に大津市観光キャラクターに任命、2月24日には特別住民登録をして大津市民になりました。ふっくらほっぺで老若男女を問わずの人気者。観光PRはもちろん、イベントや啓発活動など幅広く活躍中。

石山寺駅　石山坂本線の起点駅で名刹・石山寺の最寄り駅

京阪の緑色の電車によく似合うレトロな雰囲気満点！　遠く琵琶湖から吹く風と水の香りが旅情を誘う、ホタルの里。名刹・石山寺の最寄り駅ですが、参詣者は川沿いに徒歩10分の軽い修行を強いられます。

3度の駅名改称を経て現在の名前に落ち着いた

　改札を抜けると、濃密な水の香りがします。「水の香り」というと奇妙な表現かもしれませんが、海辺の町とは違う清廉な空気がそう感じさせるのかもしれません。駅前の右手には琵琶湖の流出口である「瀬田川」、左手にはホタルが多く生息していたという「蛍谷公園」があります。ホタルは水の品質には敏感な昆虫ですから、きっと昔からこのあたりは水が綺麗なのでしょう。

　石山寺駅は石山坂本線の起点駅で、西国観音13番札所である湖南屈指の名刹・石山寺の最寄り駅。ただし駅を降りたらすぐに参詣できるわけではなく、当の石山寺までは瀬田川沿いに10分ほど歩く必要があります。なるほど楽をさせるのではなく、参詣者にも軽い修行をさせるという、心にくい配慮かもしれません。

　古くから石山は交通の要衝として、また石山寺の門前町として栄えてきました。

　駅は1914（大正3）年6月4日、大津電気軌道蛍谷駅からの路線延伸

頭端式の3面2線のホーム
門前町への駅はレトロな雰囲気が漂う

左・右／駅舎はローカル私鉄の終着駅を思わせるつくり。2両編成のかわいい電車が発着する
写真提供：河野孝司（2枚とも）

により開業。当時は「石山」という駅でしたが、1937（昭和12）年に「石山寺」に改称。さらに1950（昭和25）年には「石山蛍谷」と改称。しかし1953（昭和28）年には再び「石山寺」へと、3度の駅名の変更を行いました。

　1929（昭和4）年4月11日、会社の合併統合により京阪電気鉄道の駅になりますが、1943（昭和18）年10月1日に京阪神急行電鉄の駅になり、1949（昭和24）年12月1日には再び京阪電気鉄道の駅となって、現在に至っています。

起点駅らしい風格と特異なホーム構造の駅

　駅の構造は行き止まりの頭端式3面2線で、プラットホームの有効長は2両。外側の2面が降車用、内側1面が乗車用。1番線は全線通しで走る列車が、2番線は近江神宮前で折り返しのローカル列車が発車するダイヤが組まれています。

　ちなみに2線とも両側をホームに挟まれる特異な構造は、男山ケーブルを除くと京阪では唯一の存在。良く手入れが施された構内の植木や電車の塗色が相まって、レトロで雰囲気のある構内となっています。

　駅舎と事務所はホームから低い位置の頭端部にあり、ホームへは緩いスロープを付けてバリアフリーに対応しています。歴史ある門前町の玄関口にしては、簡素なデザインの駅舎は1991（平成3）年4月に建て替えられたものです。

> **マメ蔵　石山温泉**……紫式部が『源氏物語』の構想を練ったと言われる石山寺付近に湧く温泉。温泉の泉質は放射能泉で、効能は神経痛、リウマチ。無色透明、無味無臭の湯はさらっとした肌ざわりで、肌の弱い人にも安心。参詣の後の「精進落とし」の場として最適です。

坂本駅　石山坂本線の終着駅
比叡山延暦寺の最寄り駅

この駅を訪問するなら真冬がベストです。京都とも奈良とも違う独特のひんやりとした空気は、比叡山から流れてくる清涼な森の香り。1日ではとても回りきれないほどの観光地を控えた終着駅はポスト・モダンな鳥居を持ちます。

改札を抜けると格調高い坂本の町並みが

　電車を降りると、そこは1面のホームだけ。終着駅と呼ぶには余りにも殺風景な雰囲気に驚きます。でもここはれっきとした石山坂本線の終着駅。比叡山延暦寺や日吉大社など、数多くの魅力ある名刹の玄関口として、立派に機能しています。

　京阪の全駅中、もっとも北に位置する駅であり、西へ向かうと比叡山坂本ケーブルのケーブル坂本駅、東へ行くとJR湖西線の比叡山坂本駅。双方ともに徒歩圏内で乗り換えが可能な位置にあります。日本最長のケーブルカー「**坂本ケーブル**」や、特急列車がバンバン通過する湖西線に比べると至って地味な存在かもしれませんが、この駅から東西に続く坂本の町並みは、他にはない厳かな雰囲気に溢れています。

　中世には京都への中継地として栄えた重要伝統的建造物群の保存地区で、いたるところで「穴太積み」と呼ばれる美しい石垣を見ることができます。

坂本駅周辺マップ

「近畿の駅百選」に選ばれた佇まい 駅から続く坂本の町並みが魅力

上／コンパクトにまとまっている坂本駅　左／ホームのベンチには手づくりの座布団が敷かれている　写真提供：河野孝司 (2枚とも)

巨大な鳥居のような屋根がある駅舎

　歴史ある町の駅にはやや不釣り合いな感のある、自動改札を抜けると正面には極太の支柱に支えられた太曲線の屋根が印象的。モダンな彫刻かオブジェのようなデザインであり、左右非対称な鳥居のようにも見えます。またバス乗り場の案内板の上にも、小さな鳥居が設置されています。こういった配慮が認められて、2000 (平成12) 年9月19日に、第1回「近畿の駅百選」に選定されました。

　坂本駅は1927 (昭和2) 年8月13日、琵琶湖鉄道汽船の松ノ馬場～坂本間開通によって開業。1929 (昭和4) 年4月11日には会社合併によって、京阪電気鉄道石山坂本線の駅となりました。戦局の悪化によって、1945 (昭和20) 年3月31日に穴太までの線路が金属供出のために剥がされたりするなど、厳しい状況に立たされたこともありましたが、1997 (平成9) 年9月30日、再び複線化されて現在に至っています。

　1面2線式のホームの有効長は2両。それぞれ1番のりば、2番のりばがあり、日中は電車が交互に発着します。

> **マメ蔵**　**坂本ケーブル**……開業80年の歴史を持つレトロかつスリリングな乗り物。ケーブル坂本～ケーブル延暦寺両駅間2,025mは日本最長を誇ります。なお高低差日本一の「叡山ケーブル」とあわせて比叡山を回遊すれば、ふたつの「ケーブル日本一」を体感できます。

寝屋川車庫 京阪最大の車両基地 広さは甲子園球場の3個分

周りにはフェンスが張られていますが、隙間から様々な車両を鑑賞できる京阪ファンの聖地。関西最大級の規模を持ちながら、収容キャパシティはほぼ限界？ 本線の車両増備のためには淀車庫の工事完成が待たれます。

安全を支える電車のホスピタル

　京阪電鉄最大の車両基地で、敷地面積は車両工場と車庫を合わせて、119,681㎡。甲子園球場およそ３個分に相当し、５本の検査ピットと43本の留置線を持ち、車両収容能力は340両を誇ります。

　線路配置は引き上げ線を中心に、扇型に出入庫線、検査線、留置線と配置されており、車庫は車両工場・検車庫・留置線の大きく３つに分けられています。

　「車両工場」では各部を装置単体か部品レベルにまで分解して行う定期検査や大規模修繕工事などを、「検車庫」では各装置の動作や機能の検査、消耗部品の取り替えなどを、そして「留置線」では専用作業線で洗車や車内清掃などを行い、法令で定められた５種類の検査を実施しています。

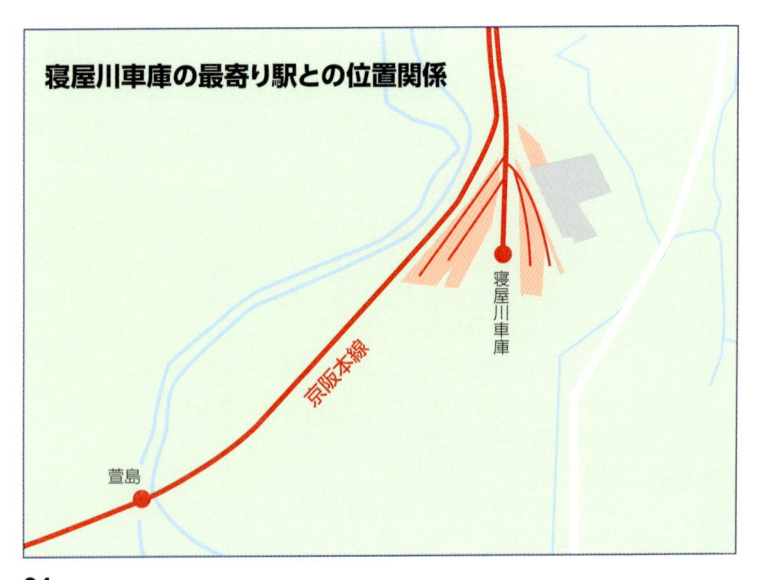

寝屋川車庫の最寄り駅との位置関係

毎年、10月の車両基地公開「ファミリーレールフェア」が大人気

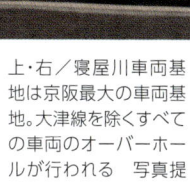

上・右／寝屋川車両基地は京阪最大の車両基地。大津線を除くすべての車両のオーバーホールが行われる　写真提供：河野孝司(2枚とも)

法令で定められた5つの検査

①	全般検査	8年を超えない期間ごとに車両全般について行う
②	重要部検査	4年または当該車両の走行距離が60万kmを超えない期間のいずれか短い期間ごとに動力発生装置、走行装置、ブレーキ装置など重要な装置の主要部分について行う
③	状態・機能検査	3か月を超えない期間ごとに車両の状態及び機能について行う
④	列車検査	10日を超えない期間ごとに車両の主要部分について外部より行う
⑤	臨時検査	車両を新造または改造した場合やその他必要がある場合に行う

ファンを大事にする京阪の心意気

　こういった検査を行うほか、イベント「ファミリーレールフェア」の日は寝屋川車庫が一般公開されます。電車の魅力を紹介するほか、催事やグッズ販売のコーナーなどが設けられ、毎年多くの鉄道ファンや子供が来場します。

　また天満橋と浜大津を直通で結んでいた「**びわこ号**」60形63号車(144ページ)や、京津線で使用された70形72号車、「KS-50」「KS-68」台車など貴重な鉄道遺産も保存されており、主に小学生を対象にした社会科見学による公開も行っています。

> **マメ蔵**　**びわこ号**……天満橋〜浜大津間を京阪三条経由で、直通運転するために製造されました。当時は最先端の流線形のデザインを取り入れて、日本最初の連接構造や高床用と低床用の2種類の乗降用扉を採用するなど、画期的な車両でした。

3章●京阪電気鉄道の駅と車両基地のひみつ

淀車庫 改良工事が進められる京阪電鉄の中核車両基地

近接している淀駅の高架化とS字カーブ解消工事の次は、淀車庫入庫線の高架化や側道の整備を急ピッチで進めています。京都市が約280億円かけて周辺の整備事業を行っていることから、将来大きく生まれ変わるでしょう。

長期にかけて未完成な車庫であるワケ

　淀車庫は、近隣に**淀城**跡があり、外堀の軟弱な地盤、繰り返される水害など、非常に厳しい環境の場所に作られた車両基地で、京阪本線淀駅より約1km大阪寄りにあります。

　敷地面積94,800㎡。8連対応の3線の検車庫と34線の留置線があり、車両収容能力は320両。保線課、淀土木基地、淀変電所も併設されています。

　この車庫の設置は昭和初期の頃から計画されていましたが、地形の問題や寝屋川車庫の建設が優先されるなどで計画が先送りされた関係から、いまだ完成していません。

将来は寝屋川車庫に代わる存在に

　工事は4期に分けて実施。第1期工事は1975（昭和50）年10月12日〜1979（昭和54）年12月、地鎮祭から着工を始め、本線の北側に留置線4線と出入庫線、8連対応の検車庫、固定式洗車機、検査係事務所が建

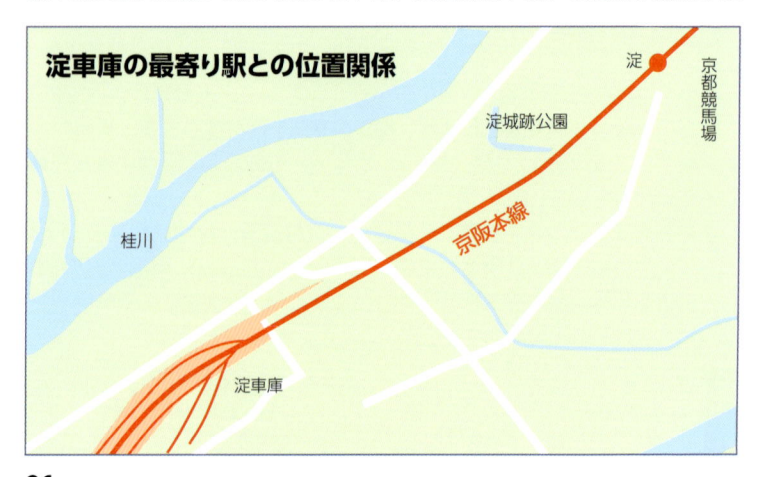

淀車庫の最寄り駅との位置関係

車庫用地からの転換を図り、地域活性化にも寄与できる内陸型物流施設を計画

上・右／拡張する用地に内陸型物流施設を建設することになった淀車庫　写真提供：河野孝司（2枚とも）

設されて、58両の車両を収容可能に。また同年10月15日から淀土木基地も使用を開始しました。

第2期工事は1983（昭和58）年11月3日に完成。第1信号扱所が建設されて、収容能力76両に増加。留置線11線分が新たに作られ、収容能力は138両となりました。京阪本線を横断していた踏切は廃止されて、検車庫の西側に自動車専用高架橋が造られました。

第3期工事では、京阪本線の高架化を実施。1996（平成8）年2月23日に淀屋橋方向が高架化、同年11月16日出町柳方向も高架化工事が済み、1997（平成9）年8月30日には高架下に2線の車庫内連絡線が完成。これにより本線のダイヤに関係なく、車庫内で回送電車の入れ替えができるようになりました。京阪本線南側に155両17本の車庫線も新設され、現在の車両収容能力は320両です。

第4期工事の計画名は「京阪淀車庫南側土地物流施設建設計画」。京阪電鉄は、淀車庫の整備・拡張のために土地を取得していましたが、拡張の見込みがなくなったことから内陸型の物流施設に活用することになりました。

マメ蔵　淀城……淀には時代や場所がまったく異なる「三つの淀城」が存在しました。それは戦国時代に築城された淀城、豊臣秀吉が側室茶々に与えた淀城、徳川幕府が築城した現在の近世淀城です。しかし徳川以前のものはまったく痕跡が残っていません。

錦織車庫　京阪大津線23編成62両のすべての検査を担当

錦織車庫は小さくてもビッグで個性的なイベントを開催。熱狂的な京阪ファンが多いのは地道なファンサービスが功を奏しているからです。四宮車庫でも火災という悲劇を乗り越えてリニューアルが望まれるところです。

大津線の車両を担うミニ車庫

　石山坂本線の近江神宮前駅に隣接しているのが、錦織車庫。近江神宮前が開業当時、錦織という駅名であったことに由来します。また地名が「にしこおり」というのに対して、「にしごおり」と異なっています。

　1927（昭和2）年9月10日、石山〜坂本間の全通時に石場車庫から移設されて開設。1980（昭和55）年には浜大津駅のスイッチバックがなくなったため、石山坂本線内で京津線車両の向きが逆になることになるので転車台を仮設することになり、5月28日から6月8日まで、1両ずつ車両の向きを逆転させる作業が行われました。

　現在、ここでは京阪大津線の車両23編成62両、すべての検査を担当。車庫内には廃車にされた80形電車1編成が、1両は原型のまま、もう1両は短くカットされてリメイクされたものが保管されています。

　この車庫ではファンを対象にしたイベントも盛んに行われており、年に1回の「大津線感謝祭」では、この80形電車が一般公開されて、運転台

上／右側が錦織車庫。京津線用の800系の検査はここで行われる　右／車庫に保存されている80形　写真提供：河野孝司（2枚とも）

イベント「大津線感謝祭」では
静態保存される80形電車が一般公開される

四宮車庫は留置線となり、検査やオーバーホールなどは石山坂本線の錦織車庫で行われる　写真提供：河野孝司

や車内を撮影することが可能。貴重な車両を使用した臨時列車も運転されるとともに、車番プレートなど貴重な部品や電車グッズなども販売。また年に2回、春と秋には「**コスメル。at 京阪大津線錦織車庫**」というコスプレイベントも開催されます。

火災によって消失した歴史ある車庫

　かつて、京津線の四宮駅の北側に四宮車庫が存在しました。
　1997（平成9）年、京都市営地下鉄東西線の御陵〜京都市役所前間への直通運転を開始してから、ここで行っていた検車機能は錦織車庫に統合。1998（平成10）年4月13日には建物が解体されて、現在は800系電車4両編成を留置するだけの無人の留置線になりました。
　歴史は古く1912（大正元）年8月15日、京津電気軌道三条大橋〜札ノ辻間の開業にともなって開設されましたが、1949（昭和24）年8月7日に原因不明の火災が発生。入庫していた車両27両中22両を焼失してしまいます。開業以来、ステップ付きで路面上の低床ホームからの乗降ができる車両が使用されていましたが、この火災で大半が焼失。火災後は併用軌道上に停留所がある三条〜浜大津間の各駅停車は、残った低床ステップ付き車両が集められ、この区間の運用に使用されました。浜大津までの直通急行や準急については、高床で乗降ステップなしの一般車両を使用して、併用軌道区間の各駅を通過することで対応しました。

> **マメ蔵**　**コスメル。**……垣根を越えたコスプレ文化の発展を目指して、幅広いコミュニケーションの場と快適な空間の提供を主目的としたイベント。普段は入場できない車庫を開放することで、多くのコスプレファンに訪問してもらうのが目的のイベントです。

4章

京阪電気鉄道の
車両のひみつ

2013（平成25）年3月現在、京阪電気鉄道には718両の電車が在籍、京阪電気鉄道は古くから革新的な車両技術の開発に努めてきました。車内にテレビを設置した「テレビカー」や、可動式シートを備えた5扉車を筆頭に、乗客本位の設備を有する車両の設計も進められてきました。この章では京阪の魅力溢れる車両たちを紹介します。

写真提供：河野孝司（2枚とも）

| 現役車両 | 2階建て車両もある
転換クロスシートの特急車 8000系 |

8000系は1989（平成元）年に導入された特急車で、京都〜大阪間の直通旅客向けにオールクロスシートで登場しましたが、特急停車駅の増加にともない、ロングシートを交えた多目的タイプの車両に生まれ変わりました。

鴨東線の開業に合わせて華々しくデビュー

　京阪特急は長らく京都の三条駅と大阪の淀屋橋駅を結んでいましたが、京都方の始発駅は1989（平成元）年の鴨東線開業によって出町柳となり、列車の運転距離が延びました。また、当時は利用者が非常に多く、特急車3000系の増結も必要になっていました。8000系は、このような中で、3000系の不足分を補うために計画された車両です。

　したがって、運転性能（界磁位相制御・定速度制御）や座席配置（2扉・転換クロスシート）は3000系と同様ですが、3000系は登場後すでに20年を経過していたので、ビジュアルデザインが一新されました。すなわち、赤とオレンジの2色塗装、先頭部の鳩マーク、テレビカーのサービスに加えて、8000系は、眺めの良い最前部、ワイドな連続窓、布のカーテン、ゴージャスなシート生地など、さらに豪華なインテリアを導入したのです。

　この8000系は大歓迎を受けました。まもなく、8000系は3000系を全面的に置き換えることになり、京阪特急の主力として量産されました。

停車駅の増加でロングシート併用へ

　京阪特急は1995（平成7）年にほぼ全車の8000系化・7両化を終えました。唯一の例外として3000系1本がファン向けに残りましたが、こ

左／京阪のフラッグシップ8000系。特急をメインに運用される　写真提供：河野孝司　上／車体更新により塗装が変更され、車端部はロングシートになった　写真提供：坪内政美

2階建て車両を連結したエレガント・サルーン
行楽輸送の主力として活躍

左／旧塗装の8000系は、京阪伝統の特急色 写真提供：河野孝司
上／2階建て車両は編成の中ほどに連結 写真提供：坪内政美

京阪8000系「エレガント・サルーン」ダブルデッカーの位置

←大阪（淀屋橋）　　　　　　　　　　　　　　　京都（出町柳）→

京都寄りから4両目、大阪寄りから5両目

の3000系は編成中1両を2階建てに改造し、絶賛を浴びました。このアイデアは8000系にも採り入れられ、1997（平成9）年から翌年にかけて、8000系はすべてダブルデッカーつきの8両編成に増強されています。

　けれども、関西の私鉄ではこの頃利用が振るわなくなり、京阪特急は京都〜大阪間の直通客が減少しました。やむなく会社は、長年の慣行だった七条〜京橋間のノンストップ運転を見直し、次第に停車駅を増やすようになります。こうなると、くつろぎ重視の車内構造はどうも落ち着きません。2扉で補助椅子つきの出入口は乗り降りの妨げになり、列車の運行に支障が出るようになりました。

　そこで、2008（平成20）年の中之島線開業をきっかけに、8000系は車内設備とカラーリングの変更が行われ、面目を一新しました。新しい塗装では赤系の濃淡2色が上下で逆になり、金の帯で優雅さを醸し出しています。改造後も2扉のままですが、ドアから車端にかけては背もたれの高いロングシートになり、混雑時への対応とゆったり感が両立されています。新装なった8000系には「エレガント・サルーン」という愛称が付けられました。

> **マメ蔵** **眺めの良い最前部**……8000系は前面ガラスが大きい上に、運転室と客室を仕切る壁も窓が大きく、支柱が細くつくられています。そのため、客室からは、運転室越しでもワイドな前面展望を楽しむことができます。

> **現役車両**

大型のスラッシュ・ムーンを掲げる最新型の一般車 13000系

13000系は前面の半月模様がよく目立つ通勤車で、2012（平成24）年に導入されました。経年劣化が目立つ2600系を置き換えるためにつくられ、同じ用途の10000系とともに宇治線・交野線などで活躍しています。

"青い特急"新3000系のような先頭部

　京阪本線の列車は長い7～8両編成、宇治線・交野線の列車は短い4～5両編成で運転されています。短いほうの編成を組むのはもっぱら2600系の役割でしたが、2600系はただでさえ古い上にリサイクル車体を採り入れており、他の車両に比べるとかなり老朽化しています。そのため、この系列の置き換え用として、新しい支線向け一般車がつくられるようになりました。その第1弾が2002（平成14）年登場の10000系、第2弾が13000系です。

　13000系は、今日の京阪車両のデザインコンセプト「風流の今様」を製造時から採り入れたロングシート一般車です。そのような生い立ちから、先頭部には塗装変更車よりも大きな半月シンボル（スラッシュ・ムーン）がかたどられました。この顔は、特急車8000系と汎用車9000系の合体

4両編成の13000系は、宇治線や交野線など支線をメインに運用される　写真提供：河野孝司

中之島線の開業後にデビューした通勤車
黒いスラッシュ・ムーンがよく目立つ

左／顔は3000系、側面は10000系と似ているが、細部が異なる　右／明るい車内や格子柄の床は利用者に好評　写真提供：坪内政美（2枚とも）

バージョンと言えるでしょう。

　側面は10000系と似ていますが、通勤車向けの新しいカラーリングである「シティ・コミューター」は、初めて製造時から採り入れられました。

安全を守るためのさまざまな工夫

　ロングシートは片持ち式で、座席の端の仕切り板は、10000系までのものより大きくなりました。このスタイルのロングシートは他社ではおなじみですが、京阪では初めての採用です。また、仕切り板と荷棚をつなぐ握り棒は通路側へ大きく湾曲し、立ち客が握りやすくなりました。床にはロングシート車で初となる格子柄がプリントされ、京都の路地の石畳がイメージされています。

　13000系は、目立たない部分にも新しい試みが採り入れられています。先頭部の構体は従来よりも強度を増したものになり、万が一の衝突にもダメージが小さくてすむようになりました。特にこの車体では、一部分に衝撃を受けるような場合でも、その力が分散するような性質になっています。

　ドア脇の大きな仕切り板も、非常時の不慮の衝撃から乗客を守るという意味もあり採用されました。さらに、この仕切りの縁やドアまわりにはオレンジの線が入っており、乗客がぶつかったり挟まれたりしないよう、さりげなく注意を促しています。

> **マメ蔵**　**ロングシートは片持ち式**……側壁から座面が張り出す形の座席です。従来の座席では脚台が用いられ、座席の下が機器の収納に使われていました。片持ち式は、機器の小型化にともない、車体軽量化の手法として広まりました。

現役車両 3扉・クロスシートで通路も広い汎用車 2代目3000系

2代目3000系は特急から普通まで幅広く使える汎用車で、2008（平成20）年に導入されました。乗り降りしやすい両開き3扉車ですが、座席は転換クロスシートで、その半数は1人掛けとして通路を大きく広げています。

特急形とも通勤形とも異なる新しい車両

　京阪特急は長らく七条〜京橋間ノンストップでしたが、直通客の減少により、2000（平成12）年には丹波橋・中書島、2003（平成15）年には樟葉・枚方市にも停まるようになりました（ラッシュ時の途中停車は以前から）。これは、乗降ドアの少ない特急車には酷な運用です。また、特急は2003（平成15）年に毎時4往復から6往復となり、8000系だけでは運用できなくなりました。前もってセミクロスシート一般車の9000系が投入されてはいましたが、豪華な8000系との格差は大きく、これらの混在するダイヤは問題がありました。

　そこで、特急に使っても遜色のない一般車として、2代目3000系がつくられました。乗り降りのスムーズな3扉、特急なみの転換シート、通路を広げるための片側1人掛けシートが、この車両の特色です。この3000系は中之島線の開業に合わせて導入され、当初は新線のシンボルでした。さらに、3000系汎用車のデザインはまったく新しいもので、これが既存の特急車・一般車のリニューアルの原点にもなりました。

左／中之島発の快速急行としてデビューした2代目3000系。現在は8000系特急の補完をする役割になってしまった　写真提供：河野孝司　右／3000系のヘッドカバーは、「COMFORT SALOON 3000 SERIES」と印字された円弧状のもの　写真提供：坪内政美

中之島線開業の目玉としてデビュー
現在はおもに淀屋橋発着

3000系の車内は通路を挟んで片側2列、1列になっている　写真提供：坪内政美

半月シンボルを散りばめたコンフォート・サルーン

　3000系の塗装は上半分が紺、下半分が白、境界部の帯が銀色で、ベースの紺は「水都・大阪」「伝統」「格式」を表しています。新塗装3種に共通する「風流の今様」はスラッシュ・ムーンという半月形に象徴されますが、3000系ではこの半月形が随所に見られます。前面をはじめ、車内の仕切り板、転換シートのヘッドカバー・手摺りなどなど……。ドアの内側や肘掛は艶消しの黒、床は灰色の格子模様で、これらは墨のイメージです。和洋折衷の新デザインをまとう3000系は、「コンフォート・サルーン」と名づけられました。

　3000系は、中之島線の開業とともに新設の快速急行用となり、出町柳～中之島間に毎時2往復設定されました。同時に出町柳～淀屋橋間は8000系特急の毎時4往復に戻り、特急と快速急行が、車両運用も含めて規則正しく循環するダイヤになったのです。これには相当に知恵を絞ったあとがうかがわれ、長年の暫定サービスがようやく収束した感がありました。

　ところが、中之島線の業績は予想外に振るわず、京阪本線の昼間ダイヤは、淀屋橋発着の特急6往復に戻ってしまいました。鳴り物入りで登場した3000系ですが、現在の役割は、8000系を補完する"青い特急"といったところです。

> **マメ蔵**　**初代3000系**……初代の3000系は、いうまでもなく昭和末期の特急車です。初代は1編成が長く残され、2代目3000系が出てからも、8000系30番台と名を変え、2013（平成25）年まで走り続けました（130ページ参照）。

| 現役車両 | **7200系と同じ顔を持つ低床タイプの一般車 10000系**

10000系は、2002(平成14)年に導入された一般車です。VVVF制御の標準車7200系を低床化したスタイルで、これによって、老朽化が進んでいた1900系と一部の2600系が置き換えられました。4両固定の支線用車両です。

低床車体の導入によってバリアフリー化を推進

　老朽化が進む2600系の置き換え用として、2002(平成14)年に宇治線・交野線用の一般車10000系がつくられました。京阪本線の7200系とよく似た外観の車両ですが、とりあえず支線区専用の4両編成とされ、いくつか新しい試みがなされています。

　大きな特徴としては、床の高さが2cm低くなり、ホームとの段差がほとんどなくなりました。この改良は、台枠の天地寸法を詰めることで実現しています。したがって、台枠は他の部分が強化されており、以前のような車体の裾絞りがなくなりました。小さなことではありますが、6000系からずっと続いていたデザインが変更されたわけです。

　バリアフリー化の改良は特に理由がない限り全車に施すべきなので、このように低床で裾を絞らない車体構造は、その後の新形式車両にも導入が続いています。

上／新塗装の10000系。現在は宇治線と交野線を中心に運用　右／デビューしたての10000系の塗装はターコイズグリーン1色だった　写真提供：河野孝司(2枚とも)

VVVFの7200系を支線向けにアレンジ 宇治線・交野線のニューフェイス

上／10000系の蛍光灯はカバーをしていない　右／ワンマン運転にも対応する10000系。顔は7200系に準じている　写真提供：河野孝司（2枚とも）

デビュー当時は青緑一色の試験塗装

　10000系の設計に際しては、さまざまな部分で製造・運用コストの節減が図られています。例えば、空調技術が進歩したおかげで車内温度をキメ細かく管理できるようになったので、ドア間の窓は開閉式から固定式に変更されました。これにともない、7200系から採用されていたパワーウインドウは廃止され、窓の構造の簡素化、車体の軽量化が行われています。さらにその窓ガラスは、遮光幕の要らないUVカットガラスになりました。また、1次車には廃車車両のパンタグラフやコンプレッサーがリサイクルされ、2次車の内装にはカバーなしの蛍光灯が用いられました。関西の電車は車内の蛍光灯がカバーで覆われていることが多く（これだけのことで光がかなり柔らかくなります）、その省略は珍しく感じられます。

　新製当時、車体色はターコイズグリーン1色でした。これは、塗装費用の節減も考えた上での、新しい塗装のテストでした。また、支線用の車両として、10000系はワンマン運転にも対応しています。とにかく、コストダウン意識がいたるところに感じられる設計です。

　幹線用の車両は激しい通勤ラッシュに耐えなければならず、装備を厚くしなければならない面も多いことでしょう。10000系は支線用の強みで省力化対策をたくさん盛り込み、他の車両へのフィードバックを図った車両と言えそうです。

マメ蔵　**ターコイズ**……宝石のトルコ石（Turquoise）、またはその色のことです。青緑に近い色で、宝石は12月の誕生石とされています。なお、塗装コストを抑えるための1色塗りは、他社でもしばしば行われています。

| 現役車両 | 登場時はセミクロスシートだった VVVF一般車　9000系 |

9000系は、1997(平成9)年に導入された一般車です。7200系のセミクロスシート版として特急にも運用されましたが、のちにロングシート化され、7200系との違いは微妙なものになっています。

京阪特急の変革期に登場した汎用車

　京阪の朝の下り特急(淀屋橋ゆき)は、1993(平成5)年から中書島に、1997(平成9)年からは枚方市にも停まるようになりました。長年の慣行を破っての、七条〜京橋間の途中停車です。9000系は、このように停車駅の多い特急を円滑に運用するため、3扉・セミクロスシートで登場した汎用車です。外観や性能は通勤形の7200系なみとして、"格下げ特急車"ではなく"格上げ一般車"であることをアピールしました。

　登場時の塗装は上半分が淡い緑、下半分が濃い緑という当時の一般色で、窓の下に水色の帯を巻いていました。この帯は、他の一般車とは座席が違うというしるしです。クロスシートは一方向きの固定式で、中央部から両端へ、2人掛けの椅子が片側3脚ずつ設けられました。末端部の座席はロングシートで、クロスシートの1列目はロングシートの着席者のほうを向く形になるので、この部分に擦りガラスの仕切り板が設けられました。

上／旧塗装の9000系は水色の帯が入っており、他の一般塗装の車両と区別していた　右／新塗装の9000系は7200系によく似ており、外観だけでは判断しにくい
写真提供：河野孝司(2枚とも)

7200系から派生した クロスシート通勤車 現在はロングシート化され 7200系と同等に

上／9000系は特急から普通までこなせるオールマイティーな車両だ
右／更新されロングシートになった9000系の車内　写真提供：河野孝司（2枚とも）

登場時の役目を終えてロングシート化

　9000系は特急車8000系と同じ8両編成で、ラッシュ時の特急のほか、急行や普通にも幅広く使われました。けれども、一方向きの座席はやはり格下と感じられ、特急車と一般車の長所を合わせたはずが、短所のみ目立つようになっていきます。一方、昼間の特急は2003（平成15）年に毎時4往復から6往復となり、8000系だけでは運用できなくなりました。そのため、9000系は特急運用から下りられず、2008（平成20）年に2代目3000系が導入されて、ようやく一般車の運用に落ち着きました。

　9000系はその後すべてロングシート車となり、車両の形態・役割の上では、7200系と区別できなくなりました。ただし、寸法上の違いとして、9000系はクロスシートの名残りで側ドア間が長く、この部分の窓が7200系よりも横に長くなっています。また、新設のロングシートは着席区分が明確なバケットタイプで、今のところ、京阪線一般車で唯一の方式となっています。

　なお、9000系は7200系よりもたくさんつくられました。両者の違いが不明瞭になった今では、9000系のほうがメンテナンスが簡単になり、適切な電力が使用できるVVVF通勤車の代表と言えるかもしれません。

> **マメ蔵**　**一方向き固定クロスシート**……通勤車の一部に見られるクロスシートです。進行方向と逆になることがありますが、向きを変えられる座席は間隔を詰められず、車両の定員が少なくなるので、固定式にも需要があります。

| 現役車両 | VVVFインバータ制御車の初期バージョン 7000系・7200系 |

7000系は1989(平成元)年に導入された一般車で、京阪初のVVVF量産車です。7200系は7000系のデザインを洗練した車両で、1995(平成7)年に導入されました。以後のVVVF一般車は、この7200系をもとに設計されています。

京阪初のVVVFインバータ制御車7000系

　日本の電車は、1980年代にVVVFインバータ制御という新しい技術を採り入れるようになりました。これは従来の直流モーターに代わって交流誘導モーターを用いる方式で、加速力・減速力・最高速度をすべて向上させるとともに、むだな電力消費を抑えられる優れた技術です。VVVFは英語の「variable voltage variable frequency」を略したもので、「可変電圧可変周波数」と訳されます。京阪は6000系の一部を改造してこの方式のテストを行い、それをもとにVVVF量産車を製造しました。これが7000系です。

　7000系は外観・車内とも6000系と似ていますが、6000系の前面ガラスには後退角があるのに対し、7000系のこの部分はまっすぐです。また、7000系の顔は窓ガラスの支柱が太く、額縁を並べたようなイメージです。

　7000系は7両編成が4本ありますが、うち1本の京都方3両は、テストに使われた旧6000系です。そのため、その京都方の先頭部は6000系の顔をしています。一方、テスト用に3両を抜かれた6000系8両編成は、

新塗装の7000系(左)と旧塗装の7000系(右)。顔は6000系によく似ているが、前面は後退角がなくフラットだ　写真提供：河野孝司(2枚とも)

鉄道各社が経験した VVVF革命 試行錯誤の末に 標準車がつくられる

上／このデザインの顔は7200系で確立された。9000系や800系もこの顔で登場した
左／珍車中の珍車。京都方の先頭車7004号は6000系の顔をしている　写真提供：河野孝司(2枚とも)

その後、所要の3両が補充されました。こちらは逆に、7000系と同じ顔で新造されています。

VVVFへの移行をデザインで示した7200系

　7000系のメカニズムは6000系から驚くべき変化を遂げていましたが、それにしては、見た目の変化がおとなしすぎました。7000系のデビューと同じ年の秋には8000系特急車が登場して注目を浴びたので、一般車ももっと目立たなければ……ということで、デザインを練り直して7200系がつくられました。

　7200系のメカニズムは7000系とほぼ同じですが、前面ガラスは思い切って拡大され、快活で親しみやすい表情になりました。側面と車内は6000系・7000系と似ていますが、肘掛から立ち上がる握り棒が、従来は天井に達していたのが荷物棚までになり、車内の見通しがすっきりしています。さらに、側窓は空気式のパワーウインドウになり、開け閉めするのが楽になりました。

　これでようやくVVVF一般車のスタンダードが確立しましたが、7200系は8両編成2本と7両編成1本しかつくられませんでした。しかし、このあと中之島線の開業までに生まれた多くの車両形式は、ほとんどが7200系のデザインと技術を基にしています。

> **マメ蔵**　**一般車**……私鉄の車両では、列車種別や接客設備によって定義することもあり、特急を専用に運行される特急車に対して、それ以外の普通や急行など特別料金不要の列車に使われる車両のことを、一般車という表現が使われます。

現役車両
界磁位相制御を導入 大量に製造された一般車 6000系

6000系は、1983（昭和58）年に導入された一般車です。京阪線の1,500V昇圧にともなう新造車で、車体内外のデザインを一新するとともに、界磁位相制御という省エネ運転の技術を採り入れました。京阪でもっとも両数の多い車両です。

1980年代の京阪を代表する通勤車

　京阪電車の架線電圧は長い間直流600Vでしたが、京阪の鉄道線は1983（昭和58）年に1,500Vに昇圧されました。多くの車両はこのとき1,500V用に改造されましたが、改造のむずかしい車両はそれ以上の使用をやめ、新設計の車両に置き換えられました。6000系はこの置き換えのために登場した車両です。

　この車両は大量生産が見込まれ、設計にあたっては長期の使用に耐えうる性能・デザインが要求されました。初期高性能車（2000系〜2400系）からはフルモデルチェンジとなり、通勤車の第2世代というべきスタイルが確立されています。

　車体は長さ18m・両開き3扉でほぼ従来どおりですが、先頭部は流線形ふうの2枚窓、側面もドア間2枚窓として、大きな窓を少数並べる珍しいスタイルになりました。特に先頭部は、一見して非貫通のような顔に非常脱出ドアを組み込んだのがユニークです。

上・右／京阪の車両の中で最多の両数を誇る6000系。特急の運用に入る場合もある
写真提供：河野孝司（2枚とも）

1980年代の京阪を代表する通勤車
輸送力の増強に大きく貢献

特急の運用に入った旧塗装の6000系　写真提供：河野孝司

省エネ電車としても名を馳せる

　6000系の動力装置は、直流複巻モーターを交流補助電源によって制御する、界磁位相制御を採り入れています。これは1978（昭和53）年登場の2600系と同じ方式で、電力回生ブレーキの使用に適した、省エネ効果の大きなシステムです。同世代の電車には直流のみを制御する界磁チョッパ制御が多いのですが、界磁位相制御は複数の電圧に対応させやすく、昇圧を控えていた京阪には、こちらのほうが適していました。

　また、6000系の車体は、5000系に続いてアルミ合金が採用されました。車体が軽ければ少ない電力で走れますから、これも立派な省エネ対策です。そしてこれ以後、アルミ合金は京阪の車体材料として定着しています。数々の新機軸を盛り込んだ6000系は、デビューの翌年である1984（昭和59）年に、鉄道友の会からローレル賞を与えられました。

　6000系は7両編成で走り始めましたが、1,500Vへの昇圧後は8両運転が可能になり、増備と増結を繰り返して、8両編成14本の大所帯になっています。これは、京阪の車両としては一形式でもっとも多い両数です。

マメ蔵　鉄道友の会……日本最大の鉄道愛好者団体です。鉄道関係の見学会・撮影会・講演会を開催するほか、毎年、会員投票による新車大賞「ブルーリボン賞」、選考会による優秀新車賞「ローレル賞」の授賞を行っています。

4章　京阪電気鉄道の車両のひみつ

| 現役車両 | ラッシュ時は5扉、昼間は3扉で活躍する一般車　5000系 |

5000系は、1970（昭和45）年に導入された一般車です。ラッシュ時の乗り降りをスムーズにするため、日本初の5扉・ロングシート車としてデビューしました。閑散時には一部のドアを締め切り、座席を設けて使用します。

昇圧前の電力事情から生まれた5扉車

　1960年代の鉄道各社は、列車の増結・増発や複々線化など、朝夕ラッシュ時の輸送力増強に追われていました。京阪でも混雑緩和のためにさまざまな策を講じましたが、架線電圧が低規格の600Vだったため電力の供給に限界があり、7両を超える編成を走らせることができませんでした。そのため、ラッシュ時の大阪方面行きは3扉・ロングシート車でも非常に混みあい、ダイヤの乱れが慢性化していました。

　そこで窮余の策として、ピーク時の列車にドアの多い車両を投入し、乗降時間を一気に短縮することが考えられました。こうして、片側にドアが5か所もある5000系が開発されたのです。ドア数が4を超える多扉車は、日本ではこの5000系が初めてでした。

　5扉車はドアが多い分だけ座席が少なくなります。ラッシュ時には便利でも、閑散時に立ち客が増えるのは好ましくありません。そのため、5000系のドアは5か所のうち2か所（車端から2番目と4番目）をラッシュ時の専用とし、昼間はこれらを閉め切って、天井から可動式のロングシートを下ろすことになりました。

左／5扉が特徴的な5000系　写真提供：坪内政美　上／閑散時は第2扉と第4扉を閉め切って3扉で運用する。締め切った扉の部分は天井から座席を下ろす　写真提供：河野孝司

側面にずらりと並ぶ両開きドア
7両編成35か所が一斉に開く

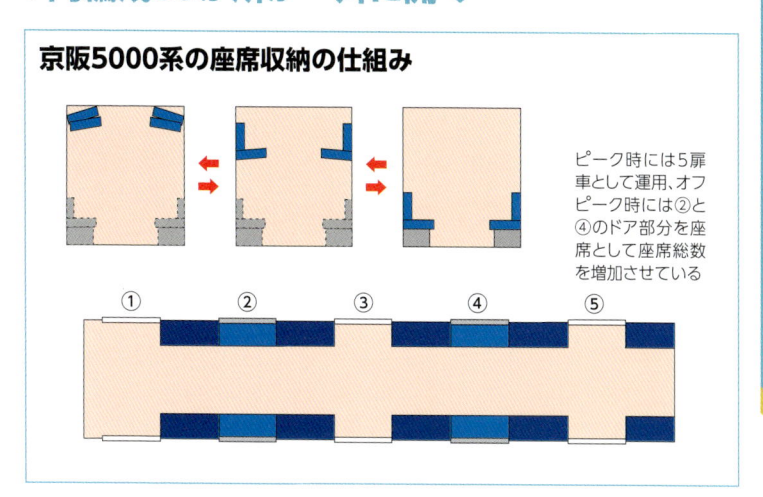

京阪5000系の座席収納の仕組み

ピーク時には5扉車として運用、オフピーク時には②と④のドア部分を座席として座席総数を増加させている

5扉の車体を支えるさまざまな工夫

　5000系は、単にドアが多いだけでなく、随所に気配りが感じられる車両です。可動式の座席もそのひとつで、これがあることにより、昼間の座席定員は、実は3扉・ロングシート車よりも多くなっています。また、多扉車の中には外気が頻繁に入るので、冷房・暖房とも従来より強化され、車内温度の適正化が図られました。さらに、ドアエンジンが多いことに加えて、座席の昇降機、増強されたエアコン・送風機など、この車両の機器はかなり重くなっています。そのため、車体は軽量のアルミ合金製となり、重量の調節が行われました。絞りのない側面に切妻に近い前面を組み合わせたのは、このようにアルミでできているからです。また、5000系は、京阪初のアルミカーでもありました。

　性能面では、初めは抵抗制御車だったのが、1998（平成10）年のリフレッシュの際、界磁添加励磁制御車に変わりました。デビュー時は大阪府内の朝の淀屋橋行きを中心に運用されましたが、今では京阪本線の全線にわたって活躍しています。また、京阪本線は昇圧によって8両運転が可能になり、5扉車が不可欠なほどの混雑は解消されました。

> **マメ蔵　多扉車**……1990（平成2）年以降、首都圏ではJR東日本・東急電鉄に6扉車、東京メトロ・東武鉄道などに5扉車が導入されています。長い編成の中の特に混みあう部分に連結され、すべてのドアが終日開閉しています。

| 現役車両 | 名車スーパーカーの車体をリサイクルした一般車　2600系 |

2600系は、1978（昭和53）年に導入された一般車です。600V時代の1959（昭和34）年から走っていた2000系を1,500V用につくり直したもので、車体は2000系の流用ですが、走行システムは大幅に変更されています。

種車は2000系スーパーカー

　2600系の種車である2000系は、京阪の一般車で初めてカルダン駆動を採り入れた電車（高性能電車）です。この車両は、普通列車の走り方を俊敏にするため、加速・減速の性能を重視して設計されました。普通列車は頻繁に停車を繰り返すので、足の鈍い車両は一度遅れるとなかなかダイヤを回復できません。2000系の開発当時は大阪方面への通勤客が日に日に増えており、守口市から京橋までの小駅連続区間（当時は複線）がネックになっていたのです。

　2000系の車体断面は卵の形に似ていますが、これは外板に必要最小限の加工をしたモノコック構造によるものです。車体の強度を外板全体で保つこの構造は、車体を軽くするのに効果的でした。また、電力回生ブレーキを採用し、車輪の回転力を電力に還元し、これを架線に戻す技術を定着させました。この技術はブレーキ力の強化に加えて電力節減という一石二鳥の効果があり、現在の電車では標準装備となっています。もとは勾配線用だった回生ブレーキを平坦線にも導入したのは、この2000系が日本で初めてでした。もっとも、回生ブレーキそのものを実用化したのも、同じ京阪と見てさしつかえありません。

　このように画期的だった2000系は、「スーパーカー」と呼ばれて親しまれました。

左／正面の助手席側の窓が2段式になっている「けいはん顔」の2600系の旧塗装車　右／助手席側の窓が更新時に変更された2600系。ファンなら早めに撮影を済ませておきたい
写真提供：河野孝司（2枚とも）

初期高性能車のデザインを残す2600系 引退の時が迫っている

旧塗装と新塗装が混結された2600系。新塗装への過渡期にはこんな編成も現れた　写真提供：河野孝司

2000系の昇圧対策で2600系が登場

　2000系はその後の一般車の原型となり、同じデザインで用途の異なる2200系・2400系があとに続きました。一方、大阪方の混雑区間は、複々線化で急行用と普通用の線路が分離され、普通用の車両に特別な加減速性能は要らなくなりました。すると、高速走行の苦手な2000系は使い勝手が悪くなりました。また、京阪線の昇圧に際しても、2000系のシステムは対応がむずかしく、この点でも2000系は宙に浮いてきました。

　そこで、2000系の車体と台車に新しい走行機器を組み合わせて、昇圧後の運転にも使える一般車がつくられました。これが2600系です。2600系には、回生ブレーキ車に特有の技術である「界磁位相制御」が採用されました。私鉄界では同じ目的の「界磁チョッパ制御」が主流となりましたが、位相制御は電圧の違いに対応させやすく、昇圧前後の京阪の車両に適していました。その後増備され、30番台は新造車です。

　2600系は昔の姿を比較的よく残しているので、貴重な存在と言えるでしょう。しかし、経年劣化で新車への置き換えが進んでおり、引退の時が近づいています。

> **マメ蔵　回生ブレーキの実用化**……三条と浜大津を結ぶ京津線で行われました。1932(昭和7)年登場の50形の後期車は、日本で初めて直流複巻モーターを導入し、それによって回生ブレーキを自在に操れるようになりました。

現役車両

車体を補修して今なお現役の初期高性能車 2200系・2400系

2200系は1964(昭和39)年に導入された一般車で、普通列車用の2000系スーパーカーに対して急行用に設計されています。2400系はその2200系に冷房装置を取り付けた車両で、1969(昭和44)年に導入されました。

標準的な通勤車となった2200系

　2200系は2000系スーパーカーと同じ外観で、同じ年に営業運転につきました。車体長18m、両開き3扉、オールロングシートの通勤車です。普通が専門の2000系に対し、2200系は急行を主とする長距離・高速運転向きの設計です。すなわち、2000系は小出力モーターを分散配置する方式だったのに対し、2200系は大出力モーターを一部の車両だけに配置する方式で、最初から付随車が組み込まれていました。急行は惰行運転も多いので、このように経済的な編成が成り立つのです。そのほか、登場時は2200系のみにスカート(排障器)が取り付けられ、同じデザインでも前面で区別できました。

　急行用とされた2200系ですが、旧性能車(吊り掛け駆動車)に比べれば加速・減速の性能も格段にすぐれており、普通列車にももちろん使用できます。また、複々線化で緩急分離が行われてからは、急行用の高性能車がすべての運用をこなせるようになりました。そのため、2200系は2000系よりも重要性が高まり、性能面ともども高性能車の基本モデルとなりました。

当初、2200系(右)や2400系(左)の前面は2600系と共通のデザインだった。更新時に前面形状が変更され、貫通ドアの幌受けがなくなり、ドアも非常時専用になった　写真提供：河野孝司(2枚とも)

卵形の車体を持つ初期高性能車 車体をリフレッシュして走り続ける

京阪2200系・2400系・2600系の正面。側面が「く」の字になり、車体全体が丸みを帯びていて卵のようだ

関西初の通勤冷房車2400系

　1960年代は日本にまだ冷房が普及しておらず、**冷房つきの鉄道車両**といえば、特別料金の必要な列車・車両にほぼ限られていました。戦後初の大衆冷房車は1959（昭和34）年登場の名鉄5500系、初のロングシート冷房車は1968（昭和43）年増備の京王5000系で、その翌年に関西に登場した通勤冷房車が京阪2400系です。

　2400系は2200系の車体にユニットクーラー8台を載せた車両で、当時はまだ冷房の技術が進んでいなかったこともあり、長大編成の屋上には、あたかも万里の長城のように大型のクーラーが並んでいます。また、冷暖房などサービス用の電力が増大したことから、2400系には大容量の電動発電機（MG）が搭載されました。さらに、昇圧計画の具体化にともない、2400系には昇圧後を考慮した電気品が採用されました。

　2200系・2400系とも、後年のリフレッシュ工事の際に前面形状が変更され、貫通ドアの非常時専用化や、ドア窓の拡大などが行われました。運転性能も当初の抵抗制御から添加励磁制御になり、より長期の使用に耐えうるものとなっています。

> **マメ蔵　冷房つきの鉄道車両**……日本初の冷房車は、南海鉄道（現・南海電気鉄道）の2001形電車です。1936（昭和11）年に既存車両の改造によって登場し、戦時中にサービスを終えました。冷房電車のルーツは、実は関西にあったのです。

4章　京阪電気鉄道の車両のひみつ

現役車両 珍しい車体デザインを今も保っている一般車 3代目1000系

3代目1000系は、1977(昭和52)年に導入された一般車です。昭和初期に新製された2代目1000形から2度のリサイクルを経て登場し、直接的には1968(昭和43)年製の2代目700系が種車となっています。

ルーツは戦前の流線形電車

　3代目1000系は、直接には2代目700系の車体に新造の走行装置を取り付けた車両です。ところが、流用元のこの700系も完全新製車ではなく、新造車体に2代目1000形などの走行装置を組み合わせていました。古い車両のリサイクルはしばしば行われることですが、京阪ではこのリサイクルをお家芸のようにしており、古い車体や機器が何度も使われています。現在の1000系は、なかでも代表的な例のひとつです。

　3代目1000系に連なるリサイクルのルーツは、1938(昭和13)年デビューの2代目1000形・1100形・1200形・2代目1500形です。このグループは当時人気があった流線形電車の一族で、代表格の1000形は急行用の転換クロスシート車でした。

2代目700系が直接の生みの親

　2代目1000形グループが廃車リサイクルの対象に選ばれたのは、戦後の高度経済成長たけなわの1968(昭和43)年でした。当時最新の通勤車は2200系でしたが、通勤客の増加にその製造が追いつかず、コスト面で

左／車体はそのままで、モーターや台車などの床下機器を取り替えた1000系　右／1000系は側面の窓配置に700系時代の面影が残る　写真提供：河野孝司(2枚とも)

5000系と同等の走行装置を持つ3扉車
他のどの通勤形とも似ていない変わり種

更新して顔つきが変わった旧塗装の1000系。京阪車両の中では異邦人のよう　写真提供：河野孝司

　も苦しい状況になっていました。そのため、戦前製の雑多な車両から走行装置を取り外し、大型3扉車の車体だけを新製して、これらを組み合わせて通勤形の車両を増やしたのです。

　2代目1000形は、こうして2代目700系に変身しました。ただし、その車体は、2200系とは断面形状も窓割りも異なっていました。2200系の車体はモノコック構造でしたが、旧性能の電車には、そのような構造は必要ありません。700系の車体をつくるには、旧来の製造法で十分だったのです。この700系は、高性能車を増やすまでの"つなぎ"として、十分に役割を果たしました。

　そうこうするうち、京阪線には1,500V昇圧の時が近づいてきました。600V用の旧性能車700系は、何らかの手を打たないと、昇圧と同時に使えなくなります。そこで今度は、車体をリサイクル、走行機器を新規製造とし、これらを組み合わせることになりました。こうしてできたのが、現在も見られる3代目1000系です。その後のリフレッシュ工事で前面形状は変わりましたが、裾絞りのない箱型車体、2枚1組のサッシ窓など、700系時代の特徴が今もそのまま残っています。

> **マメ蔵**　**初代・2代目1000形**……初代1000形は、大正末期に京阪線に導入された車両です。軌道線規格だった頃の最後を飾るデザインで、のちに300形に改称されました。2代目1000形は、本項にもあるように戦前製の流線形車両です。

| 現役車両 | 京都の地下鉄に乗り入れる
京津線の専用車　2代目800系 |

2代目800系は、1997(平成9)年に京津線専用として導入されました。京都市営地下鉄東西線への乗り入れ用車両としての性能を持つとともに、観光客が車内でゆったりすごせるよう、一部の座席はクロスシートになっています。

路面軌道と地下鉄線の両方に乗り入れる

　京津線はもとは三条〜浜大津間の路線でしたが、京都方の三条〜御陵間は1997(平成9)年に地下鉄東西線に置き換えられ、御陵〜浜大津間の路線となりました。それ以降、御陵駅から京都方は、京阪の電車が地下鉄に乗り入れる形で運転されています。

　2代目800系は、この直通運転のためにつくられた車両です。大津線は小型車の2両編成が定番のスタイルでしたが、800系は線区で初の4両編成となり、京津線の営業列車はすべてこれに置き換えられました。京津線は勾配・曲線の多い軽規格鉄道（上栄町〜浜大津間は併用軌道）、地下鉄東西線は都市高速鉄道なので、両線を直通して走るには、さまざまな技術を結集しなければなりません。800系は、このような苦心のたまものです。

　地下鉄東西線は、車両・施設の寸法を、京津線の小さな規格に合わせています。これは地下鉄にとっても工費節減のメリットがあり、双方に利がある選択と言えましょう。一方、車両のメカニズムについては、京津線が地下鉄に合わせる形になりました。地下鉄の車両は京津線に乗り入れないので、京阪車のみが重装備になるのはやむをえません。

上／浜大津を発車してすぐの急カーブを曲がる800系　左／路面もスイスイ走れ路面電車顔負けだ　写真提供：河野孝司(2枚とも)

琵琶湖をイメージした水色の4両編成
京都と大津の中心部を直結する

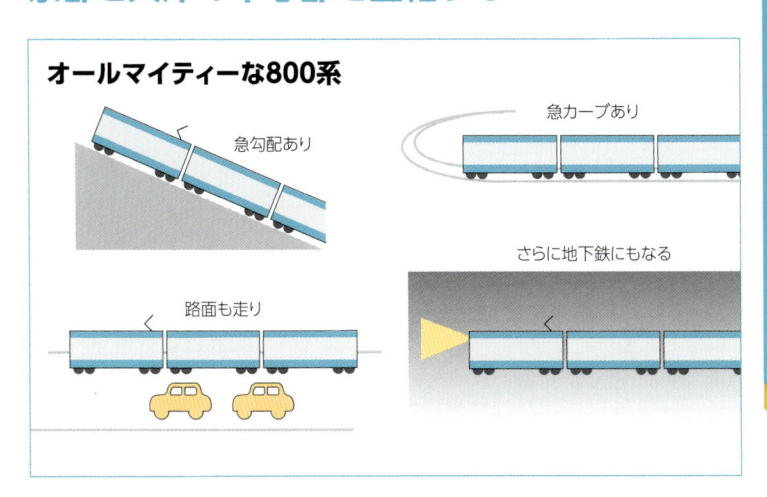

オールマイティーな800系

急勾配あり
急カーブあり
さらに地下鉄にもなる
路面も走り

大津線車両で初めてのVVVF制御車

　800系の外観は、京阪本線の7200系VVVF通勤車をコンパクトにしたイメージで、前面には非常脱出用のドアが装備されています。車体は長さ16m、幅2.4mで、大津線標準車体よりも1m長くなりました。塗装は800系のオリジナルで、琵琶湖の水色とアイボリーの地に、京津線のラインカラー「刈安」（黄色）の帯が延びています。

　動力システムはVVVFインバータ制御で、ブレーキは回生ブレーキつき全電気式ブレーキです。大津線の車両は全体にシステムが簡便ですが、800系は地下鉄車両と性能を合わせるため、京阪本線なみのフル装備になりました。パンタグラフは京津線の高い架線と東西線の低い架線に対応するため、京阪初のシングルアーム式となっています。信号保安システムも、京津線のATCと東西線のATO（ワンマン）運転の両用です。

　4両編成のうち中間車2両は一般的なロングシート車ですが、先頭車2両には、一方向きの固定クロスシートが集団離反式で設けられました。車幅が狭いので、これらは横2列1列の配置です。景色を楽しめる区間は短いですが、観光地の多い路線ならではのうれしいサービスです。

> **マメ蔵　初代800形**……初代800形は、戦前から戦後にかけて交野線で使われた一般車です。登場時は琵琶湖鉄道汽船（石山坂本線の前身会社）の100形で、京阪との合併で800形となり、大津線から京阪線に移されました。

| 現役車両 | 直立した前面にパノラミックな窓を持つ大津線車両 3代目700形 |

3代目700形は、1992(平成4)年に大津線に導入された車両です。初めは旧性能車350形のリサイクル、のちには大津線初の高性能車500形(2代目)のリサイクルにより、大津線の昇圧後も使える冷房車として製造されました。

大津線の2両組車両で最も新しい形式

　大津線の架線電圧は1983(昭和58)年の京阪本線昇圧後も600Vのままでしたが、1997(平成9)年の2代目800系導入を機に、京阪線と同じ1,500Vに昇圧されました。これに先立ち、昇圧後も残る600形が所要の改造を受けましたが、それだけでは数が足りず、1,500V用の車両が新製されました。これが3代目700形です。

　700形は600形と別形式を名乗っているものの、同型の車体に同等性能の機器を取り付けています。昭和末期からの大津線の新形式車は、800系以外はみな「大津線標準車体」のリサイクルなのです。この車体は260形・300形(2代目)・350形の導入時に新製され、1957(昭和32)年から1968(昭和43)年にかけてデビューしています。

　700形の前面形状は、600形で流線形ふうだったのが直立型に変更されました。これは当時の京阪線での、6000系から7000系への変化と似ています。ただし、京阪線一般車は界磁位相制御からVVVF制御に変わったのに対し、大津線は600形も700形も界磁位相制御車で、性能はともに6000系世代です。

上／路面区間も走る700形は、小さくてかわいい電車　右／石山坂本線を走る電車は、京阪の旧一般色に塗装されている
写真提供：河野孝司(2枚とも)

> 京阪線7000系の登場に続いてデビュー
> 前面デザインに共通点が見られる

本線の7000系と同様に前面はフラットで、後退角が付いていない

写真提供：河野孝司

種車の350形は石山坂本線、500形は京津線で活躍

　700形の初めの2本は350形、あとの3本は2代目500形の車体を流用しています。

　350形は1966（昭和41）年につくられた車両で、走行装置は古い車両からの流用でした。平坦な石山坂本線専用につくられたので、出力が小さく、抑速用の発電ブレーキもありませんでした。したがって、峠越えがある京津線には入線できず、京津線の標準車体が特急色（赤とオレンジ）だったのに対し、350形は初めから一般色（緑の濃淡）でした。

　2代目500形は1979（昭和54）年につくられた車両です。車体は260形4次車（最終グループ）からの流用ですが、走行装置は大津線初の高性能タイプが新造されました。種車は前面の貫通ドアを廃して窓を拡げ、運転士の操作環境が改善されました。種車と同じく京津線の準急用につくられましたが、500形の車体は一般色になり、以後、特急色は京津線から消えていきました。その後の700形への転身は、260形からは2度目の車体リサイクルです。

> **マメ蔵**　**初代・2代目700形**……初代700形は、昭和初期の京阪線で活躍した両運転台型のロマンスカーです。2代目700形は高度経済成長期の京阪線一般車で、高性能車なみの車体と旧性能車1000形の機器を組み合わせてつくられました。

| 現役車両 | 流線形ふうの先頭部がスマートな大津線車両 3代目600形 |

3代目600形は、1984(昭和59)年に大津線に導入された車両です。大津線初の冷房車で、先頭部に傾斜がつき、スマートなデザインになりました。両数が多く、現在は石山坂本線の主力として活躍しています。

京阪線6000系世代の大津線車両

　3代目600形は、1980年代半ばからの京津線の主力です。ひとつ前の500形は初の高性能車でしたが、600形は走行システムも京阪線主力車と同じ界磁位相制御になり、京津線に必要な回生ブレーキの性能を向上させました。

　この車両は長期にわたって増備され、大所帯を形成しています。初期車は300形、後期車は260形の車体を流用していますが、先頭部は流線形ふうにアレンジされ、種車の面影はありません。特に後期車はパノラミックウインドウを採用し、よりトレンディな印象です。利用者にとっての最大の恩恵は、冷房装置が付いたことでしょう。大津線は車体が小さく、サービス機器の追設はむずかしかったのですが、技術革新で各種機器が小型化され、ついに冷房化が実現したのです。

　ここに至って、大津線の車両はようやく技術・サービスの水準が京阪線に追いつき、両線区の一体感が高まりました。600形は、見た目にも内容的にも、京阪線6000系の同世代車両と言えるでしょう。

上／前面に後退角が付いた600形(右)と700形　右／600形の2次車以降は前面の窓が側面に回り込んでいる　写真提供：河野孝司(2枚とも)

三条～御陵間地上線時代の最後の主力車
山科以西の混雑を2両編成で乗り切る

旧京阪の特急色をした600形603編成。1次車のため、前面のガラスが側面に回り込んでいない　写真提供：坪内政美

京津線の輸送改善に伴って石山坂本線へ

　京津線は1997（平成9）年に京都市営地下鉄東西線と結ばれ、その直通運転の開始をもって、新型車両800系の専用路線となりました。京津線の主力だった600形・700形は石山坂本線に大移動となり、以後は同線専用となっています。急勾配用の特別な性能がもったいなくもありますが、山科から京都方面は利用者が非常に多く、路面電車の2両運転ではパンク寸前になっていました。地下鉄に切り替えられたのは、時の流れというほかありません。しかし、京津線のドル箱区間を手放してしまうとは、京阪としても苦渋の選択だったことでしょう。

　一方、石山坂本線にとっては、昇圧を機に全車両の高性能化・冷房化が達成されました。大津市内の交通は他都市と同じく自動車優勢ですが、大津線のサービス向上で、輸送分担のさらなる適正化・健全化を期待したいものです。

　なお、京阪線車両の塗装変更が完了したことで、緑の濃淡の旧塗装は、今や大津線でしか見られなくなりました。さらに、2012（平成24）年には、600形603編成が京阪線の旧特急色に塗り替えられました。これは大津線の開業100周年を記念したものです。現在の石山坂本線は、オールドファンには目が離せません。

> **マメ蔵**　**初代・2代目600形**……初代600形は、昭和初期の京阪線で活躍した2両1組タイプのロマンスカーです。2代目600形は、このロマンスカーの廃車機器の流用により、高度経済成長期の京阪線に導入された一般車です。

| 引退車両 | スタイルのよさと快適さで人々を魅了した特急車　初代3000系 |

初代3000系は、1971（昭和46）年に導入された特急車です。洗練された外観と京風のインテリアが好評で、歴代特急車の中でも異例の長期にわたって走り続けました。昭和末期の京阪を代表する名車と言えるでしょう。

京阪初の冷房つき特急車としてデビュー

　1969（昭和44）年に関西初の通勤冷房車2400系を導入した京阪は、続いて新特急車3000系をデビューさせました。特急の運転間隔の短縮（20分から15分化）にともない、増発分となる車両を、新形式の車両で補うことにしたのです。1代前の特急車1900系（132ページ）には冷房がなかったので、3000系は1900系の冷房バージョンとして計画されました。

　しかしながら、この新特急車は1900系とは雰囲気がガラリと変わりました。パノラミックウインドウのりりしい顔、側板の裾を絞った軽やかな車体は、この車両こそ"真打ち"であることを暗示していたのです。車内設備も改善され、座席はほとんど全部が転換クロスシート（車端部のみ車内向きに固定）になり、折り返し駅で一斉に向きを変える自動転換装置が取り付けられました。名物テレビカーのテレビは白黒からカラーに進化を遂げ、音声の通りもよくなりました。ドア脇に持ち込まれていたパイプ椅子は、3次車から仕切板への折り畳み式に変わりました。

上／1編成が残っていた3000系。新3000系の登場で、8000番台の30番台に改番された　写真提供：河野孝司　右／引退前に登場時の姿に戻された8000系30番台は、車番も3000系に書き換えられ、最後の雄姿をファンの前にみせた　写真提供：坪内政美

シンプルなデザインが好ましい3000系
最後の編成にはダブルデッカーも連結

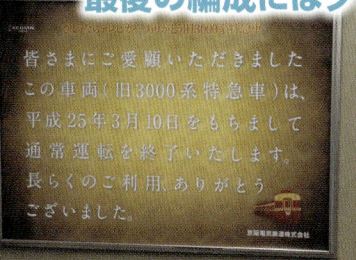

左／車内に掲出された3000系引退の告知　右／試作的要素が強い3000系のダブルデッカーは、富山地方鉄道に譲渡された　写真提供：坪内政美（2枚とも）

8000系の導入後も1編成が生き残る

1900系は旧来の抵抗制御車でしたが、3000系には界磁位相制御が付加され、さらに定速度制御装置が導入されました。営業最高速度は時速110kmです。

当時の特急は昼間帯と早朝・夜間で需要に大差があったので、3000系は3両と4両の2種類の編成がつくられ、昼間は2本併結の6両または7両編成で運用されました。ペアを組む2本は続番と決められ、最終的に、7両編成4本、6両編成5本となる両数が製造されています。製造は3次に分けて行われ、そのたびに細部が改良されました。

3000系が単独で特急車の座にあったのは1973（昭和48）年から1989（平成元）年までで、その後はさらに高級感のある8000系に置き換えられました。3000系はこれによって消えるはずでしたが、全廃を惜しむ声が多く、7両に組成された1本と予備車2両が残されました。1995（平成7）年には大規模な補修と同時に1両が2階建てに改造され、3000系はダブルデッカー1両を含む8両編成に変身を遂げました。ダブルデッカーは大好評で、まもなく8000系にもオリジナルバージョンが組み込まれました。

3000系の最終編成は、2代目3000系の導入に際して8000系30番台に改番されました。この頃になると、その外観や設備はさすがに時代遅れの感を免れません。2013（平成25）年の春、初代3000系は大勢のファンに惜しまれながら姿を消していきました。

> **マメ蔵　定速度制御装置**……電車が高速で走っているときの速度を一定に保ち、運転士がマスコンやブレーキをこまめに操作する手間を省く装置です。惰行運転のときの自然減速や、下り勾配での自然加速を自動的に防ぐようになっています。

| 引退車両 | 淀屋橋直通のシンボルとなった テレビカー特急車 1900系 |

1900系は、1963（昭和38）年に導入された特急車です。先代の特急車1810系をなめらかな車体にリフレッシュした車両で、京阪特急の快適さを広くアピールしました。のちには1810系も1900系に編入されています。

新製の1900系は淀屋橋開業でお目見え

　京阪本線は1963（昭和38）年に天満橋から淀屋橋まで延伸され、特急は三条から淀屋橋まで直通するようになりました。これに先立ち、車両の不足分を補うためにつくられたのが1900系です。1900系の寸法・性能は1代前の1810系とほぼ同じですが、外観がスマートになるとともに、特急車で初の中間電動車が導入されました。

　先頭部は特急車初の張上げ屋根となり、幕板に2個の前照灯が埋め込まれました。左右の腰板には銀色の飾りバンパーが取り付けられ、パワフルな表情が生み出されています。座席も1810系と同型ながら、エンジの1色から縦縞入りの華やかなものになりました。

　けれども、当時の電車の一般的な設計として、1900系にはクーラーがありませんでした。京阪は冷房化に早くから取り組んだ会社ですが、淀屋橋開業のスケジュールが先行していて、開発が間にあわなかったのでしょう。

　冷房のなかった1900系は、1971（昭和46）年登場の3000系によって、主役の座を奪われました。同時に3扉・ロングシートに改造され、通勤形としての人生を歩み始めます。しかしその後は手厚くケアされ、

上／1800系から改造された1900系。特急車時代は扉が2か所だった　写真提供：辻本操　左／イベント時に寝屋川車庫で初代3000系と並んだ1900系（左）　写真提供：河野孝司

銀のバンパーが洒落ていた特急車 通勤車になってからのほうが長く活躍

左／前面のバンパーが1900系の特徴。一般車になってからもバンパーを付けていた　上／更新されて別の車両のようになった1900系。バンパーにその名残を見ることができる　写真提供：RGG（2枚とも）

かつては見送られた冷房化も、リフレッシュ工事を受けて実現しました。1900系は長寿をきわめ、2008（平成20）年まで走り続けています。

若番の1900系は1810系からの編入車

　1900系の1代前の特急車1810系は、1956（昭和31）年に登場しました。見た目は1800系（134ページ）と似ていますが、寸法や車内設備など、本質的には1900系に近い車両です。1800系とのおもな違いは、車体の長さが1m延びて18mになったこと、付随車の側ドアの車端方がロングシートからクロスシートになったこと、車内テレビが本採用となり、これを見られる「テレビカー」が必ず組み込まれるようになったことです。

　1900系はこれらの変更点をすべて引き継ぎ、1810系から変化したのは車体の造形と座席の柄ぐらいでした。そのため、1810系は1900系新製車の導入と同時に1900系に編入され、1900系の車号の順序は、旧1810系グループから新製車に向かって続くように設定されました。

　3000系の登場後は、1810系を起源とする1900系も3扉車になりました。1800系も同様の改造を受けましたが、新設の中扉は、1800系は両開き、旧1810系は片開きで異なっています。特急車時代はそっくりだった2形式ですが、これで違いがはっきりしました。1800系はドア間の窓数が偶数でしたが、1m長い1810系では奇数だったので、片開きドアがぴったり収まったのです。

> **マメ蔵**　**張上げ屋根**……車体の肩の丸みを、屋根板ではなく側板・妻板の延長部で構成しているものを張上げ屋根といいます。高性能電車と同じ頃に普及し始めましたが、京阪の特急車は高性能化後も旧式の屋根を使い続けていました。

| 引退車両 | 高性能電車の先駆けとなった
テレビつきの特急車 初代1800系 |

初代1800系は、1953（昭和28）年に導入された特急車です。この車両は日本で初めてカルダン駆動を採用し、日本の高性能電車の先駆けとなりました。のちに京阪名物となる車内テレビも、この1800系が第一号です。

電車の高性能化の幕開けを告げる

　初代1800系は、1700系（136ページ）とほぼ同じ車体・車内設備の特急車ですが、重要な特徴が2つあります。ひとつは「カルダン駆動」、もうひとつは「テレビ」です。

　カルダン駆動は、モーターの回転力を車軸に伝える方法のひとつです。従来の方式は「吊り掛け駆動」といい、モーターを車軸と平行にして、これを台車枠から車軸に吊り掛けていました。この方式では、2本の軸が歯車で直接噛みあいます。けれども、モーターの重さが車軸にのしかかり、せっかくの回転力も衰えてしまいます。

　これに対してカルダン駆動では、モーターは台車枠に固定され、車軸へは回転力だけが伝わります。柔軟に動く継ぎ手が開発され、これがモーターと車軸をつないでいるのです。

　この方式は電車の性能を飛躍的に高め、昭和30年代に急速に広まりました。そのインパクトは強烈で、鉄道の業界・趣味界では、以後、カルダン駆動車を「高性能車」または「新性能車」、吊り掛け駆動車を「旧性能車」と呼び分けているほどです。新幹線が成し遂げた高速運転は、カルダン駆

外観は旧性能電車に見えるが、1800系は京阪初の高性能車　写真提供：辻本操

クラシカルな外観とは対照的な高性能
日本の鉄道の新時代を切り拓く

1800系の車内には白黒テレビが付けられ利用者に好評だった　写真提供：関田克孝

動の導入なしでは考えられません。

そして、この方式を日本で初めて営業用に導入した電車が、京阪1800系だったのです。地味なことではありますが、これは鉄道の歴史に燦然と輝く快挙です。

京阪名物テレビカーの先駆け

カルダン駆動という普遍的な技術とともに、京阪はこの1800系で、独自のサービスの開発にも乗り出しました。乗客に情報・娯楽を提供する車内テレビです。

1800系の車内テレビは、1954（昭和29）年から、2両に取り付けられました。これは沿線に本拠を置く松下電器（現・パナソニック）の協力で実現したもので、車内の貫通ドアの上に白黒テレビが設けられ、NHKの番組が放映されました。当時はテレビ放送自体がまだ珍しく、乗車するだけで見られるテレビは大好評でした。このサービスは、まもなく「テレビカー」として京阪特急の名物になりました。

1800系には1700系と同じく制御電動車と制御車があり、基本的に2M1Tの3両編成で運用されました。1810系の導入後も特急に使われましたが、1900系の導入後は一般車に降格し、3扉・ロングシートに改造されました。

> **マメ蔵　2代目1800系**……2代目1800系は、京阪線の昇圧直前に廃車車両の車体と機器を利用してつくられた一般車です。昇圧にともなう車両不足を一時的に補うためにつくられたもので、1989（平成元）年に全廃されました。

| 引退車両 | 戦後の京阪本線に登場した初の特急専用車　1700系 |

1700系は、1951（昭和26）年に導入された特急車です。デビューまもない特急の専用車とされ、オレンジと赤の2色塗装、2扉・転換クロスシート、最前部の鳩マークなど、おなじみのファッションを初めて採り入れました。

新たなるライバル阪急京都線

　京阪本線は、淀川を挟んで阪急電鉄京都本線と並行しています。この路線の大部分は、もとは京阪の路線でした。京阪本線はカーブが多くて高速運転に適していなかったので、人家の少なかった淀川右岸に、まっすぐで速く走れる路線を新設したのです。すなわち、在来線は途中駅の利用者向け、新線は京都〜大阪間の直通客向けとして、それぞれの路線に適した輸送サービスを採り入れたのでした。

　淀川右岸の高速線は、1928（昭和3）年にほぼ全通しました。初めは子会社の新京阪鉄道が運営しましたが、1930（昭和5）年からは京阪直営の新京阪線となり、東海道本線に対抗して超特急を走らせたりしました。

　しかし、日本が戦時体制に移行する中で、京阪は政策によって阪急（阪神急行電鉄）に併合されてしまいました（合併後の社名は京阪神急行電鉄）。この統合は1949（昭和24）年に解消されましたが、京阪に戻ったのは京阪線と大津線だけでした。かつて看板路線だった新京阪線は阪急京都線として残され、京阪の競合相手に変わってしまったのです。

3扉に改造され、現在は地下になった鴨川沿いを走る1700系　写真提供：RGG

京都〜大阪間ノンストップにふさわしく快適な転換クロスシートを採用

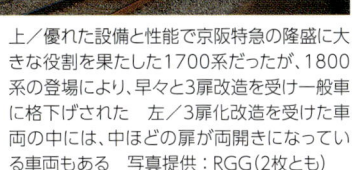

上／優れた設備と性能で京阪特急の隆盛に大きな役割を果たした1700系だったが、1800系の登場により、早々と3扉改造を受け一般車に格下げされた　左／3扉化改造を受けた車両の中には、中ほどの扉が両開きになっている車両もある　写真提供：RGG（2枚とも）

攻めの姿勢で快適さをアピール

　そこで京阪では、京阪本線にも、新京阪線で走らせていたような高速列車を導入することに決めました。これは在来線の列車が新幹線に挑むようなものですが、会社のプライドもありますし、放置すれば会社の存亡にもかかわります。とりあえず、戦前製の流線形電車1000形（138ページ）によって特急を新たにデビューさせ、これで当面の運営を行いつつ、新京阪の特急車よりも魅力ある車両の設計にとりかかりました。こうして送り出されたのが、初の京阪線特急車1700系です。

　1700系はオーソドックスな前面貫通型の17m・2扉車でしたが、塗装は鮮やかなオレンジと赤になり、関西の人々を驚かせました。前面の窓も少し変わっていて、運転席側が固定式、助士席側が開閉式となり、系統板の付け替えが楽になりました。この窓配置は、その後も多くの車両に採用されています。また、この車両の導入後に、鳩の形のヘッドマークが公募によって選ばれました。

　座席はドア間が転換クロスシート、その他はロングシートです。また、この車両はデビュー後に、日本で初めて空気ばね台車が取り付けられました。

　1700系の特急は制御電動車と制御車の2両編成で走り始めました。ここから京阪特急の輝かしい歴史が始まったのです。

> **マメ蔵**　**新京阪線は阪急へ**……新京阪線は途中駅の利用が非常に少なく、戦前の京阪では経営上の重荷になっていました。阪急はこのような路線の沿線開発に大きな成果をあげていたので、事業者にふさわしいと考えられたのです。

4章●京阪電気鉄道の車両のひみつ

| 引退車両 | 戦前の京阪本線に登場した流線形のクロスシート車　2代目1000形 |

2代目1000形は、1938（昭和13）年に導入された一般車です。流線形の先頭部と転換クロスシートが売り物で、おもに急行に使用されました。同じ車体を持つロングシート車や貫通ドアつきの車両など、派生形式も多彩です。

戦前の流線形ブームの一翼を担う

　1930年代の京都～大阪間は、京阪本線と新京阪線（現・阪急京都線）、それに鉄道省の東海道本線が走っていました。このうち省線の京都～大阪間は1938（昭和13）年に電化され、新京阪線の超特急に対抗して流線形の急行電車が走り始めました。京阪はこの動きに刺激を受け、京阪本線にもシンボル性のある電車を導入しました。これが2代目1000形です。

　この1000形は、先頭部は省線モハ52形電車のような流線形で、それまで本線の看板を務めていたロマンスカー600形・700形（140ページ）と同じ2扉・転換クロスシート車でした。当時は欧米でも日本でも、流線形の鉄道車両が大流行していたのです。しかし、カーブの多い京阪本線は所要時間で不利であり、省線との実質的な競合は、引き続き新京阪線の超特急に託されました。1000形の製造は少数に留められ、先輩格の600形と同様、途中駅に多く停まる急行として使用されました。

　1000形には派生形式が多く、流線形でロングシートの1100形（この形式が最初に登場）、貫通型でロングシートの1200形、貫通型・ロング

流線形のデザインを取り入れた1000形は転換クロスシート車　写真提供：RGG

戦前から戦後にかけて活躍した流線形電車
晩年は機器を700系に供出

1100形は1000形のロングシートバージョン　写真提供：RGG

シートで片運転台・モーターなしの1500形（2代目）がつくられています。流線形は京阪本線に注目を集めるための広告塔にすぎなかったようですが、世の中が戦時の重苦しい空気に染まってゆく中では、遊び心をいっぱいに表現するのが憚(はばか)られたのかもしれません。

戦後復興期には特急車としても活躍

　戦後の混乱が一段落すると、1000形は1950（昭和25）年に戦後初の特急車に選ばれ、再整備を受けて活躍しました。戦前の特急運転ルートだった新京阪線が阪急に接収されてしまったので、この運用は、会社としては特急運転をやめるつもりがないことを宣言するパフォーマンスのようなものでした。そして、早くも翌年には本格的な特急車1700系が登場し、1000形は再び一般車運用に戻りました。

　その後、日本は高度経済成長期に突入していきます。大阪圏でも通勤ラッシュが激しくなり、大型3扉車の需要がにわかに高まってきました。そのペースは完全な新車の製造では追いつかないほどだったので、1000形グループに白羽の矢が立ち、1968（昭和43）年から1970（昭和45）年にかけて機器と台車の捻出が行われました。これらは新造の車体と組み合わされ、2代目700形車両として営業復帰しています。このリサイクルはかつてのロマンスカー 600形・700形に続くもので、一世を風靡した戦前製車両は、こうして一斉に姿を消しました。

> **マメ蔵　初代・3代目1000形（系）**……1000を名乗る形式は3つありました。初代1000形は、大正末期につくられた一般車300形の当初の名称です。3代目1000系は現役の一般車です。なお、初代700形は当初は1580形と呼ばれていました。

| 引退車両 | 昭和初期に登場した画期的な
ロマンスカー　初代600形 |

初代600形は1927(昭和2)年に導入された急行用の車両です。当時まだ珍しかった転換クロスシートを採用し、「ロマンスカー」と名づけられました。のちに全国に広まったロマンスカーという言葉の先駆けです。

路面電車から高速電車への過渡期を象徴

　明治・大正期の京阪は大阪市電への乗り入れ構想を抱えており、路面電車の寸法に縛られていました。しかし、この構想を断念したことで、設計の自由度が広がりました。なかでも、長距離客の多かった京阪には車体の大型化がありがたく、そのゆとりを活用して、一部の車両に転換クロスシートが設けられました。この車両が初代600形です。簡易な構造の転換シートは以前にもありましたが、今日見られるゆったりタイプは、この車両が原型と言えるでしょう。京阪はこれを「ロマンスカー」と名づけ、さかんに宣伝しました。

　600形は、片運転台車同士の2両固定で、これも路面電車からの脱皮を示しています。しかしながら、先頭部は丸妻3枚窓、前照灯はヘソ型であり、ポール式の集電装置も路面電車そのものです。スタイル的にはまったく洗練されていなかったのが、いかにも時代の変わり目という印象でした。

　なお、600形に続いて、両運転台のロマンスカーである700形もつくられました。700形は600形の増結用とされ、非貫通と貫通の2種類の先頭部を持っていました。

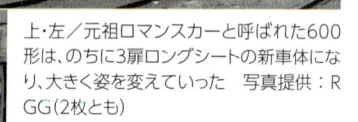

上・左／元祖ロマンスカーと呼ばれた600形は、のちに3扉ロングシートの新車体になり、大きく姿を変えていった　写真提供：RGG(2枚とも)

京阪の先進性を物語る
高速クロスシート電車のパイオニア

600形を両運転台車にした700形。600形同様、3扉ロングシート化された　写真提供：辻本操

600形と好対照をなす新京阪線デイ100形

　京阪本線の車両は、当時このように過渡期に入っていましたが、同じ京阪の新京阪線（開業時は「新京阪鉄道」）は、初めから高速電車のスタイルでした。京阪は自社の車両・施設の規格が不利であることを熟知しており、その反省のもとに新京阪線を建設したのです。そのため、新京阪線の主力デイ100形（登場時はP-6形）は、同じ京阪グループから同時期にデビューしたにもかかわらず、まったく新しいデザインに見えました。京阪はこの車両をつくるのに際し、日本ではなく、先輩格だったアメリカの電車を参考にしたのです。そして、この新京阪型のデザインこそが、一般的な高速電車の原型となったのでした。

　京阪本線600形から新京阪線デイ100形への変化は、京阪のみに留まらず、日本の電車全体がこの時期に大きく変わったことを表しています。しかしながら、残念なことに、600形は現存していません。戦後の1960年代に大型通勤車が大量に必要になったため、600形は廃車・解体され、走行機器を供出してしまったのです。このリサイクルでつくられた通勤車は600系と名づけられ、京阪線の昇圧まで走り続けました。

　一方のデイ100形は戦時中から阪急の手に渡り、阪急100形として現役を終えました。こちらは116号1両が正雀工場に残され、開業時の姿に復元されて保存されています。

> **マメ蔵**　**2・3代目600形（系）**……600を名乗る形式は3つありました。2代目600系は1960年代につくられた一般車、3代目600形は現在の石山坂本線の主力車です。なお、初代600形は当初は1550形と呼ばれていました。

| 引退車両 | 路面電車のサイズを初めて捨てた一般車　初代500形 |

初代500形は1926（大正15）年に導入された一般車です。それまでの京阪電車は路面電車の寸法でつくられていましたが、500形はもっぱら専用軌道を走る電車として、ひとまわり大きな車体が導入されました。

大阪市電への乗り入れをあきらめて大型化

　日本の電車は、今日の路面電車のような形で誕生しています。そのため、電車の黎明期は、郊外を走る電車も路面電車と同じ寸法・形状を採っていました。京阪の電車も初めは路面電車のようなスタイルだったのです。

　このスタイルは、長年にわたって維持されました。京阪は、終点の天満橋駅から大阪市電に乗り入れるつもりでいたからです。そのため、京都の三条から大阪の天満橋まで、50km近い距離を小さな電車が結んでいましたが、利用者が増えるにしたがって、そのような体制では耐えられなくなりました。そこで、市電直通をあきらめ、車両を大きくする方向へ舵を切ったのです。初代500形は、その転換第一号となった車両です。車体の長さ15m、幅2.6mは現在の本線車両よりひとまわり小さいですが、当時はかなり大きく見えました。

　500形は新しい標準車として量産され、大正時代の標準車である100形グループ（100形・200形・300形）を順次置き換えていきました。また、この500形をベースにして、ロマンスカー600形・700形がつくられました。500形・600形・700形は性能上も似かよっており、昭和ヒトケタ時代の京阪本線を代表する車両群となりました。

500形は大正時代の標準100形グループ（写真は200形）を置き換える形で製造された　写真提供：辻本操

本線系車両の大型化をもたらした500形
前面2枚窓の新車体も好評

戦後、500形は前面2枚窓の車体に載せ替えられた 写真提供：辻本操

寿命を延ばすためにリフレッシュしたものの……

　500形は、木製部分の多かった100形グループから一歩進んで、外板はすべて鋼製になりました。とはいえ、100形グループはすでに密閉車体・高床構造・3扉という大量・高速輸送向きの設計だったので、これらはそのまま500形に受け継がれています。さらに、先頭形状は丸妻3枚窓にヘソ型の前照灯つき、集電装置はトロリーポールと、500形は100形の古めかしい部分もそのまま採り入れていました。要するに、古さも新しさも一緒に受け継がれ、寸法だけが大きくなったのです。500形のデザインは、このあと時代が下るにつれて、時代に見合ったものへと修正されていきました。

　戦中戦後の混乱期には、酷使によって劣化が進みました。そのため、1953（昭和28）年から1958（昭和33）年にかけて、500形は新しい車体への載せ替えが行われました。先頭部はこのときに丸妻のまま2枚窓になり、ひときわ目立つ顔に変わっています。

　けれども、長さ15mの台枠はそのまま使われ、直後から始まった18m車体の導入からは取り残されてしまいました。このことが仇となり、大勢の人を運べなかった500形は、1976（昭和51）年に引退させられてしまいました。デビュー当時は大型と呼ばれた車体が、小さすぎて使いづらくなったのです。

> **マメ蔵　2代目500形**……500を名乗る形式は2つありました。2代目の500形は、1980年代に大津線初の高性能電車として活躍した車両です。なお、初代500形は、当初は1500形と呼ばれていました。

引退車両 鉄道線と軌道線の直通運転を成し遂げた名車 60形びわこ号

大阪から大津まで特急として直通運転していた60形「びわこ号」は、鉄道線と軌道線の装備を施していました。ユニークな発想ですが、さまざまな問題もあったようです。

鉄道・軌道の双方に対応するユニークな装備

　大津線エリアの中心にある浜大津駅は、琵琶湖の湖上遊覧の拠点でもあり、駅の開設以来、多くの観光客で賑わっています。戦前の一時期、この浜大津へ大阪市内から乗り換えなしでアクセスする列車が運行されました。それが60形電車「びわこ号」です。

　びわこ号は、鉄道線である京阪線と、軌道線である大津線を直通するため、特殊な構造が採用されました。車体は軌道線サイズとしながらも、できるだけ多くの人を運べるように2車体連接方式とし、さらに、急カーブを曲がりやすいよう、連接構造を採り入れたのです。びわこ号は、日本で初めてつくられた連接車でした。

　そのほか、この車両は軌道線の運転用に低床ドアとトロリーポール、鉄道線用には高床ドアとパンタグラフを備えていました。先頭部も独特の流線形で、2車体で完結する設計としながらも、京阪線の長編成車両を圧倒するオーラを放っていました。

上／寝屋川車庫に保存されている「びわこ号」 写真提供：RGG　右／イベントのときは乗車することもできる　写真提供：河野孝司

LRTの時代を先取りしていたびわこ号
京阪のチャレンジ精神を歴史に刻む

鉄道線と軌道線を直通するのには無理があったようで、晩年の60形は軌道線の京津線をメインに運転された　写真提供：辻本操

京津線ラッシュアワーの混雑をやわらげる

　列車としての「びわこ号」は特急を名乗っており、天満橋と浜大津の間を、途中三条のみ停車として運転されました。これは利用者を琵琶湖観光客に限定するための措置であり、高速運転を誇るものではありません。第一に、連接2車体の輸送力は、京都〜大阪間の主要駅をカバーするには小さすぎました。第二に、びわこ号の走行性能は、平坦な京阪本線ではなく、勾配線の京津線に合わせてありました。急勾配がある路線では、速く走ることよりも、登り坂での力強さ、下り坂でのふんばりなどが要求されるのです。

　また、軌道線規格で車体が狭く、増結もしないとあって、座席はロングシートでした。観光用の車両としては、これも残念なところです。

　このように、びわこ号は鉄道・軌道を直通することがほぼ唯一のセールスポイントで、商品としては、かなり難があったと考えられます。戦後は大阪〜大津の直通をやめ、京津線のラッシュ輸送などに活躍しました。このような運用のほうが、びわこ号には適していたのかもしれません。

> **マメ蔵　連接車**……車体の連結部を台車1台の心皿に載せ、2車体ならば3台車、長い編成の場合には、車体数の半数強の台車で車体を支える構造です。急なカーブを曲がりやすく、列車を軽量化するのにも有効な手法です。

| 引退車両 | 大津線のイメージを京阪線に近づけた傑作車　260形 |

260形は、1957(昭和32)年に大津線に導入された車両です。床の高い大津線標準車体と廃車車両の機器・台車を組み合わせてつくられ、およそ10年もの長期にわたって増備が続けられました。

製造年によって異なる4種類の車体デザイン

　終戦直後の京津線では、高性能のブレーキを備えた50形・70形が主導権を握っていましたが、1949(昭和24)年に四宮車庫で火災が発生、これらの大半が焼失してしまいました。そこで、やむなく石山坂本線から10m級の古い車両が駆り出され、優等列車は30形の2両編成、普通列車は20形の単行として、当面の運用が組まれたのです。

　260形は、このうち優等列車の置き換え用に製造されました。車体は新製、下まわりは旧性能車からの流用です。この車体は長さ15m、幅2.4mという軌道線最大のもので、「大津線標準車体」と名づけられました。先頭部には貫通ドア、側面には高床ホーム用の乗降ドアが2か所設けられた、鉄道線ふうのスマートな車体です。このデザインは当時の京阪線特急車1810系を小柄にしたようなイメージで、ロングシートにもかかわらず、赤とオレンジの特急塗装が施されました。

　260形の導入により、京津線のイメージは一変しました。標準車体はこのあと300形と350形の製造にも採り入れられ、大津線はすべて鉄道線ふうの外観を持つ車両に統一されました。

左／京阪旧一般色時代の260形。現在の600形、700形は260形の車体や機器を再利用している　右／京阪旧特急色の塗装が施された260形。軌道線であるにもかかわらず、外観は一般的な鉄道の車両だ　写真提供：RGG(2枚とも)

京阪線特急車のデザインをデフォルメ
大津線を鉄道線らしく演出する

260形1次車は片開き扉で側面がすっきりしている
写真提供：中西進一郎

一部の車体は600形と700形にリサイクル

　260形は10年余りにわたって26両つくられました。車体の細部は、この間に3回変更されています。1次車は両運転台・片開きドアで、窓のまわりに補強帯（ウインドシル）が付いていました。2次車はその両開きドアバージョン、3次車はこれをさらに片運転台にしたもの、最後の4次車は、さらにウインドシルをなくしたバージョンです。床下機器と台車の供給元は、大正期の京阪線標準車だった100形と200形で、特急車のような外観とは裏腹に、実は旧性能の吊り掛けモーター車でした。また、種車となった100形と200形も中古の機器でつくられており、リサイクルの母体となったのは、ほかでもない、京阪線創業時の1形電車だったのです。

　260形はポール集電からパンタグラフ化、単行運転から2両固定化などのグレードアップを行いつつ、京津線の準急運用に定着していきました。1970年代も末期になると後継車の導入が検討され、さすがに創業期からの機器や台車はお払い箱となりました。しかし、置き換え用の車両をつくるにあたって、今度は車体のリサイクルが始まります。前面形状や塗装こそ変わりましたが、現在の大津線の主力車600形・700形も、もとをたどれば車体は260形の再利用なのです。

> **マメ蔵　高性能のブレーキ**……電車は車輪の回転力で電気を起こすときに抵抗が発生しブレーキ力を得ることができます。電気を熱に変える方式を発電ブレーキ、架線に戻す方式を電力回生ブレーキと呼んでいます。

| 引退車両 | 急勾配に強かった京津線の
スーパーカー　2代目80形 |

2代目80形は、1961（昭和36）年に大津線に導入された車両です。ヨーロッパ的なセンスの斬新な車体に大きな出力とブレーキ力を備え、急勾配が続く京津線で普通列車の専用車両として活躍しました。

車庫火災で失われた車両を補うために登場

　1949（昭和24）年に四宮車庫で火災が起きてから、京津線では、老朽化した30形と20形による暫定運用が組まれていました。このうち優等列車が260形に置き換えられたのに続き、普通列車用として2代目80形が導入されました。地下鉄転換前の京津線は京都方から東山三条、蹴上、日ノ岡の3駅が路面の停留所になっていて、普通用の車両は低床ホームに対応する構造が必要でした。それで置き換えが遅くなったのです。

　この80形は、260形と同じ寸法の高床車です。路面乗降のシステムから3扉となり、ドアには折畳み式のステップが付きましたが、鉄道線に準ずる大きな車体が採用されました。当初は単行運転用に両運転台とされ、集電装置はポールでした。

　モーターは45kWのものが4軸すべてに取り付けられ、単行でも全軸駆動の180kWと非常に強力でした。ブレーキには50形などで実績のあった回生ブレーキが採用されました。これらの装備により、80形は峠越えの急勾配でも軽々と上り下りでき、路面区間でもダイヤを極力乱さずに走ることができました。吊り掛け駆動の

上／当初は単行で運転された80形。パンタグラフではなく集電装置はポールで、前面真ん中の窓も改造されていない　写真提供：関田克孝　左／2両編成時代の80形は2両固定になり、集電装置はパンタグラフに変更された　写真提供：RGG

"京津線のスーパーカー"と呼ばれた80形
戦前のびわこ号と並ぶ大津線の名車

錦織車庫で保存されている80形　写真提供：河野孝司

旧性能車でしたが、線区の事情を熟知した設計で、この車両は"京津線のスーパーカー"とも呼ばれています。「スーパーカー」は、同じ頃京阪本線に登場した2000系の愛称です。

60形とともに築いた京津線の黄金時代

　80形は、日本離れしたスタイルと緑の2色塗装も斬新でした。この80形が普通列車、赤系2色の260形が準急列車という体制は、京津線の歴史の中でもビジュアル性・利便性の双方が高水準という、まさに黄金時代だったと言えます。利用者も順調に増え続け、260形・80形とも2両編成への改造、ポールのパンタグラフ化、さらには80形の冷房化改造も行われました。

　しかしながら、三条～山科間は利用者が多くなりすぎ、路面軌道の維持もむずかしくなったことから、2008（平成20）年に市営地下鉄へ転換されました（京津線の廃止区間は三条～御陵間）。特殊設計の80形はこれで役目を終え、静態保存の1両とカットマスク1面を残して廃車解体されました。路面乗降の可能な80形は使い道が広いように見えますが、現在の路面電車にはバリアフリーの低床車体が求められるので、80形の再就職は叶いませんでした。

> **マメ蔵**　**初代80形**……初代80形は、石山坂本線の南部区間を開業した大津電車軌道の1形が、京阪合併後に改称したものです。当時は京阪の1形がたくさん在籍していたので、番号が分けられたのでした。

戦後特急色と京阪グリーンの流れを汲む新しい車体カラーリング

京阪電車は特急車は赤系2色、一般車は緑系2色の塗装で親しまれてきましたが、2008（平成20）年の中之島線開業を機に、半世紀ぶりの塗装変更が行われました。現在は赤系・青系・緑系の3種類が中心になっています。

異例の長期にわたって使われた旧塗装

　京阪線の一代前のカラーリングは非常に好評で、半世紀にわたって使われ続けました。特急色と一般色の2本立てで、わかりやすさも人気の理由だったようです。

　特急色は車体の上半分がマンダリン・オレンジ、下半分がカーミン・レッドで、1951（昭和26）年登場の1700系に初めて採用されました。その頃までの京阪は、業界の慣行とは異なって、車両塗装をわりあい頻繁に変えていました。しかし、1700系の鮮やかな2色塗りはひときわ人気が高かったため、そのまま特急色として定着したのです。

　一般色は車体の上半分が若草色、下半分が青緑で、1957（昭和32）年登場の1650形から採用されました。これは特急色と釣りあう配色を戦略的に創りだしたのでしょう。緑の一般色も好評を博し、いつしか「京阪グリーン」の名が生まれています。

「風流の今様」と「スラッシュ・ムーン」

　京阪電鉄は2008（平成20）年の中之島線開業に続いて、2010（平成22）年には創業100周年を迎えました。これにともなって新しいブラン

左／伝統のハトの特急マークをつけた旧3000系は、新特急色にはならずに引退した　写真提供：坪内政美　右／旧塗装時代の5扉車の5000系　写真提供：河野孝司

4章 ◉ 京阪電気鉄道の車両のひみつ

半世紀ぶりに変更された車体色 赤・青・緑の京阪電車が未来へ駆ける

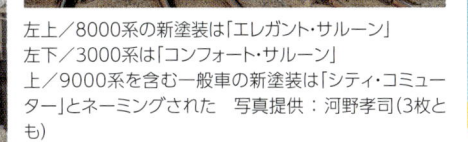

左上／8000系の新塗装は「エレガント・サルーン」
左下／3000系は「コンフォート・サルーン」
上／9000系を含む一般車の新塗装は「シティ・コミューター」とネーミングされた　写真提供：河野孝司（3枚とも）

ドづくりが行われ、車両のカラーリングも改められました。新しいカラーリングは、京都・大阪の歴史的なイメージを守りつつ、進取の企業風土と現代的感覚を融合させた「風流の今様」をコンセプトにしています。

　まず、特急車は「エレガント・サルーン」と呼ばれ、上半分を赤（エレガント・レッド）、下半分を黄（エレガント・イエロー）、中締めの帯を金（エレガント・ゴールド）として、優雅な雰囲気を醸し出しています。これは古都の風物・文化をイメージしたものです。

　特急車と一般車を兼ねる新3000系は「コンフォート・サルーン」と呼ばれ、上半分を紺（エレガント・ブルー）、下半分を白（アーバン・ホワイト）、中締めの帯を銀（スマート・シルバー）として、風流と現代的な感覚を採り入れています。主として水のイメージです。

　一般車は「シティ・コミューター」と呼ばれ、上半分を緑（レスト・グリーン）、下半分を白（アーバン・ホワイト）、中締めの帯を黄緑（フレッシュ・グリーン）として、伝統色の緑に新鮮な感覚を加えています。これは沿線の緑や成長・発展・若々しさを意味しています。

　また、車体の内外に象徴的に描かれる円弧形（スラッシュ・ムーン）は、風流の今様を視覚的に表したものです。月は満ち欠けによって形を変え、それぞれの形に独特の趣があるので、電車に描かれる半月模様も、車種や場所によってさまざまです。

> **マメ蔵**　**カラーリング**……「色を付けること、色を使うこと」という意味の英語です。鉄道車両では長いあいだ「塗装」という表現が用いられてきましたが、着色フィルムによる色表現が開発されたことから、塗料を塗る方式は減ってきています。

5章

京阪電気鉄道
トリビア

写真提供：坪内政美

京阪電気鉄道は鉄道事業に加えさまざまな関連事業を展開、49社に及ぶ企業グループ「京阪グループ」を形成し沿線住民の生活をトータルサポートしています。また、CI戦略も積極的に展開、オリジナルキャラクター「おけいはん」は京阪のイメージアップに大きく貢献しています。この章では京阪の豆知識や雑学を中心に紹介します。

写真提供：河野孝司

京阪電鉄のトンネル・橋梁にはどんなものがあるの？

琵琶湖から流れ出る川にほぼ沿うように走る京阪電鉄は、宇治川と木津川にかかる2つの橋以外は大きな橋を通過しません。トンネルもほとんどが地下化された線で、山岳トンネルは京津線の逢坂山の1か所のみです。

唯一の山岳トンネル「逢坂山トンネル」

　京阪京津線の上栄町駅と大谷駅の間に、唯一の山岳トンネル「逢坂山トンネル」があります。全長約250mで東西の高低差10mの急勾配を走りぬけます。
　古（いにしえ）より山城（京都）と近江（滋賀）を隔てる逢坂の関はこの地におかれ、平安時代以降、たびたび歌にも詠まれる名勝でもありました。逢坂の関跡と、百人一首のひとつ「これやこの　行くも帰るも分かれては　知るも知らぬも逢坂の関」と詠んだ歌人・蝉丸（せみまる）のゆかりの神社・関蝉丸神社は、トンネルを抜けた大谷駅近くにあります。
　ちなみに、逢坂山に鉄道のために掘られたトンネルは8本、自動車道などを含めると12本。穴だらけです。
　京阪の路線は、天満橋〜寝屋川市間と七条〜三条間の本線の一部、天満橋〜中之島間の中之島線全線、三条〜出町柳間の鴨東線の全線で地下化されていますが、そのほかはほとんど地上を走っています。

京津線の逢坂山トンネル。トンネルを出ると急カーブが待っている　写真提供：河野孝司

京阪電車の橋梁は絶好の撮影ポイント

トラス橋の木津川橋梁を渡る　写真提供：河野孝司

昔から変わらない風景を作り出す橋梁

　琵琶湖から流れ出る河川は、滋賀では瀬田川、京都では宇治川、そして大阪では淀川と名前を変えて大阪湾に注ぎます。京阪本線は三条を出て宇治川、木津川をまたぎ、淀川の南側を走り、天満橋駅の手前で大川をまたいで地下に入るという、琵琶湖から流れ出る川にほぼ沿ったコースをたどっています。

　八幡市〜淀間では大阪側から宇治川の支流である木津川と、宇治川をまたぎます。京阪最長の橋梁でもある9連**トラス**の木津川橋梁は1927（昭和2）年に開通。328mの複線下路スラットトラスです。7連トラスの宇治川橋梁は1929（昭和4）年開通、257mの複線下路スラットトラスの橋梁です。

　いずれも「京阪さび色」というカーキ色で塗られており、この辺りに来ると風景も一変し、京阪の人気撮影ポイントになっています。

　上記の2つ以外、小さな橋梁をいくつか通過します。鳥羽街道〜伏見稲荷駅間や藤森〜墨染間での鴨川運河を渡る橋梁は、トラスもなく小ぢんまりとして、町の風景の一部となっています。

> **マメ蔵**　**トラス橋**……桁の部分にトラス構造を使った橋。細い部材を両端で三角形につないだ構造のことで、14世紀にヨーロッパの建築家によって提案された技術です。三角形の持つ独特の性質を利用したもので、材料に曲げの力がほとんどかからず、引張力もしくは圧縮力だけなので頑丈です。

「京阪のる人、おけいはん。」関西タレントにとってはスターダムへの登竜門

一部のファン向けの世界だった「萌えキャラ」など2次元性を積極的にコーポレート・アイデンティティ（CI）に取り入れる鉄道会社が多い中、京阪は人間とそのシチュエーションにこだわり続けてきました。

ストーリー性があるCMが評判

　「おけいはん」は京阪のイメージキャラクターです。社名の「京阪」と「お・けい・はん（標準語でけい子さん）」を掛けたもので、2000（平成12）年12月より登場。3年ごとに新人へ替わり、現在までに5代目までが起用されています。歴代おけいはんの苗字には、すべて京阪線の駅名が使用されているのが特徴です。

●初代おけいはん「淀屋けい子」
　京阪沿線にある企業のOLさん、22歳。父・母・妹の4人家族という設定。演じた女優は水野麗奈さん。1981（昭和56）年12月31日、兵庫県姫路市生まれで、姫路工業大学（現・兵庫県立大学）環境人間学部卒業。大学在学中の2000（平成12）年に放送されたNHK朝の連続テレビ小説『オードリー』の女優役。関西テレビの日曜競馬中継『ドリーム競馬』やCMに多数出演。
●2代目「京橋けい子」
　24歳の教師という設定で、ひらかたパーク近くにある架空の中学校「枚方パーク学園」を舞台にした学園ドラマ仕立てのCMとなっています。
　演じた女優は江本理恵さん。1979（昭和54）年8月21日、山口県生まれで、福岡のローカル番組やCM、雑誌モデルとして活動。2003（平成15）年11月から3年間、京阪電鉄のCM「2代目おけいはん先生」を務めたほか、バラエティやリポーターとして活躍。『釣りバカ日誌』シリーズにも多数出演しました。
●3代目「森小路けい子」
　「鴨リバー音楽学院」に通う学生で、家族も演奏家という音楽一家という設定。中之島線の開業を記念してのイメージソング『はじまりは中之島』（作曲・キダ・タロー）で、歴代おけいはんでは初めて「歌手デビュー」を果たしました。
　演じた女優は神農幸さん。1981（昭和56）年4月13日、京都市生まれで、

分かりやすい京阪の
キャッチコピーが好評

上／京橋駅の吹き抜けに掲出している「おけいはん」の広告　右／京阪電車の駅ではポスターを見かける
写真提供：河野孝司（2枚とも）

同志社大学社会福祉学科中退。歴代おけいはんでは初めての京阪沿線出身でした。

●4代目「樟葉けい子」

　沿線の住宅街に住む大学生で、父、母、弟の4人家族。**父・鉄夫**は某企業で部長職を務めるサラリーマン、**母・道子**は専業主婦という設定です。

　演じた女優は日向千歩さん。1991（平成3）年2月17日、徳島県生まれで、雑誌の専属モデルのほか、ドラマにも出演。歴代のおけいはんの中でも根強い人気で、写真集『Chiho』や沿線紀行も出されています。

新世代のおけいはんは清楚系より元気系

　5代目の「中之島けい子」は、初の一般公募で1,800名の中から選ばれました。初めてネットでの投票も行われて、6人中4位ながら、素直さや好感度の高さが選考委員に高く評価されて、起用が決定。

　演じた女優は畔田ひとみさん。1994（平成6）年2月21日、大阪府生まれの現役女子大生です。

　上品さと気取りのなさを兼ね備えた女性を起用し、「京阪のる人、おけいはん。」という、関西弁を生かしたCMにより、沿線以外の人にも「親しみやすい会社」を印象づけるのに一役買っています。

> **マメ蔵**　**樟葉けい子の両親**……父・鉄夫、母・道子の名前は、すぐにお気づきかと思いますが「鉄道」からともに引用されて命名された名前です。京阪という会社は鉄道ファンをいかに大事に思っている鉄道会社なのかということが分かるでしょう。

鉄道と水上バスを使って新旧大阪の魅力を存分に

大阪築城400年祭の際に開業した大阪水上バス。かつて朝・夕は通勤船、日中は観光船として運航されていましたが、現在は「水都・大阪」の魅力を伝える観光目的で大川や東横堀川、大阪湾でクルーズ船を運行しています。

改札を出ると八軒家浜船着場

　古より水上交易の中心都市として繁栄してきた大阪は、江戸時代には「天下の台所」と呼ばれ大きく発展しました。明治維新以降は「水都」「東洋のベニス」と称され、水とともにさらに発展を遂げます。一時、水と陸が切り離された時期がありましたが、現在は、海や川が見直され、水辺沿いに散策路や公園、船着場などが整備され、リバークルーズが楽しめるようになっています。

　そんな中で水都・大阪の魅力を満喫できるのが京阪グループの大阪水上バスです。大阪の中心街を流れる大川(旧淀川)から、趣のある建物と緑とが共存する風景を川面から堪能できる「アクアライナー」は、大阪城港→八軒家浜船着場→淀屋橋港→OAP港→大阪城港を約1時間でめぐります。どこから乗船しても一周して元の港に戻ってくることができ、途中で

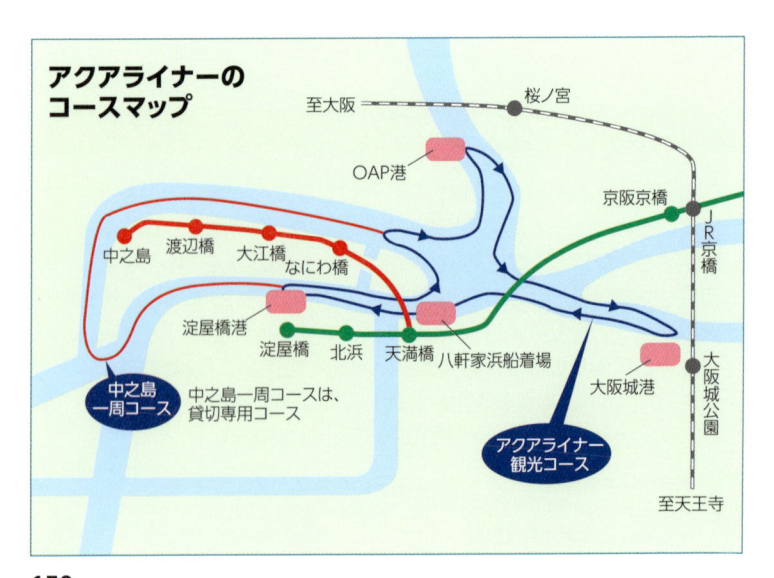

アクアライナーのコースマップ

**水の都を楽しむ
賢い方法お教えします!**

上・右／大阪の水上バス「アクアライナー」は、橋やガードをくぐるために、平たく造られている。船から水の都・大阪を見れば新しい発見があるかもしれない　写真提供：河野孝司（2枚とも）

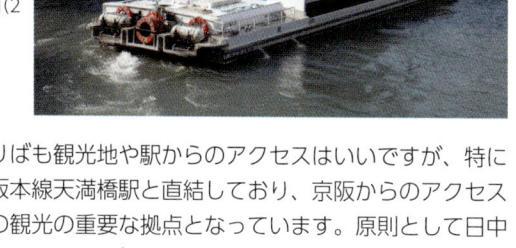

下船が可能。どののりばも観光地や駅からのアクセスはいいですが、特に八軒家浜船着場は京阪本線天満橋駅と直結しており、京阪からのアクセスは抜群。陸から川への観光の重要な拠点となっています。原則として日中のみの運航、多客時や花見シーズンは増便、7月25日の天神祭には一部時間帯が運休します。

いろいろなクルーズを楽しもう

そのほか、大阪城公園から大阪の繁華街・道頓堀を経由して湊町を結ぶ大阪城港～とんぼりリバーウォーク（太左衛門橋船着場）～湊町リバープレイス（湊町船着場）を50分で運航するシャトルクルーズ「大阪城・道頓堀コース **アクア** mini」（土・日・祝日を中心に運航）、帝国ホテルの料理をいただきながらランチクルーズ、アフタヌーンクルーズ、ディナークルーズ、メモリアルクルーズが楽しめる「ひまわり」（要事前予約・出航は大阪アメニティパーク）、天保山ハーバービレッジ・海遊館から出航し大阪湾を周遊、大阪ベイエリアの名所を海上から満喫できる「サンタマリア」など、いろいろな顔の水都・大阪を見ることかできます（運行日注意）。

> **マメ蔵**　水都号　アクア……大阪城とミナミ道頓堀を結ぶ「大阪城・道頓堀コース」を案内。30人乗りのオープンタイプのクルーズ船で、天気の良い日には水辺の心地よい風を受けながら、賑やかな街を通り抜けます。HPには「水都号　アクアmini」ペーパークラフトがアップされています。

5章●京阪電気鉄道トリビア

琵琶湖周遊の主役は「ミシガン号」
ロマンチックなクルーズが大人気

滋賀県の象徴的な存在である琵琶湖のクルーズは、京阪を利用する観光としては定番のコース。ちょっと気軽なデートや女子会、大勢のパーティーや冠婚葬祭まで使える豪華な個室もあって、不動の人気を誇ります。

良き時代のアメリカを感じさせるレトロな船

　「ミシガン号」は、琵琶湖の南湖を周遊する陽気な外輪船、ショーボート。琵琶湖とアメリカのミシガン湖を通じて、滋賀県がミシガン州と姉妹提携していることから、双方の友好を祈念して「ミシガン」と命名されました。

　特徴は省エネルギーを実現したエンジン、湖面を近く感じられる超低床デッキ、推進方法はパドルホイールのみで、水質汚染を防止。２軸で１つのパドルを駆動するという希少な構造です。そして何と言っても、360度の雄大なパノラマビューが楽しめる「ミシガンスカイデッキ」が最大のウリ。船内では音楽ライブやイベント、軽食からブッフェ、コース料理など多彩な食事ができます。

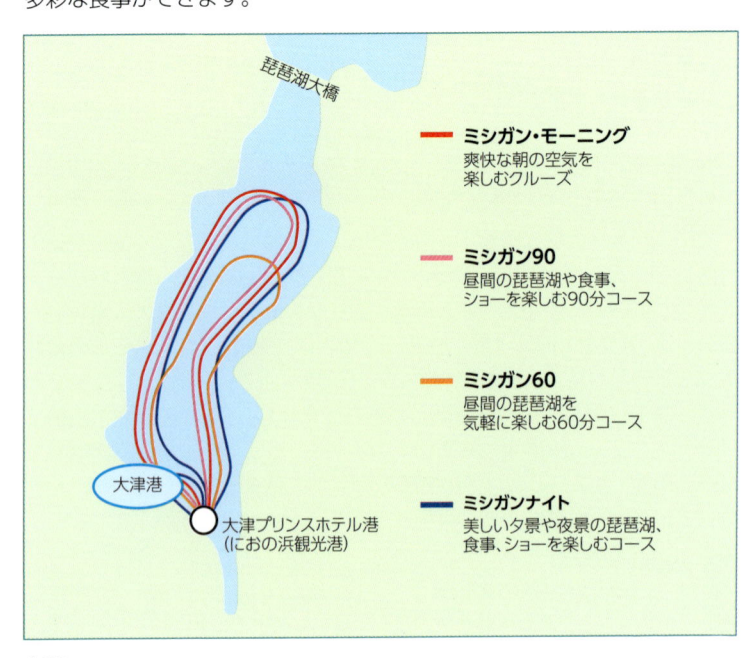

ミシガン・モーニング
爽快な朝の空気を
楽しむクルーズ

ミシガン90
昼間の琵琶湖や食事、
ショーを楽しむ90分コース

ミシガン60
昼間の琵琶湖を
気軽に楽しむ60分コース

ミシガンナイト
美しい夕景や夜景の琵琶湖、
食事、ショーを楽しむコース

オールシーズン楽しめる琵琶湖の遊覧船にぜひ一度

上／琵琶湖を眺めながら船内で食事やショーが楽しめるミシガン号は船尾のパドルで進む外輪船　右／港には模型が置いてあり、船の構造が分かるようになっている
写真提供：河野孝司（2枚とも）

質素な自由席よりも指定席がオススメ

　乗船料プラス1,000円で「ミシガンリザーブシート」を利用でき、より優雅で快適なクルーズができるほか、ソフトドリンクが飲み放題。さらに少人数でのパーティーや、20名様程度の団体には「ミシガンロイヤルルームリザーブ」がお勧め。40,000～80,000円（クルーズによって異なります）の料金で、VIPな気分でクルーズが楽しめます。

　2014（平成26）年3月30日までは、3階デッキに「温泉の足湯」を設置。雄琴温泉から運ばれたお湯を使用した足湯に浸かりながら、冬の琵琶湖の良さも実感できるサービスが行われました。

> **マメ蔵**　**雄琴温泉**……歓楽色の強いイメージがありますが、歴史は古く、最澄によって開かれたと伝えられています。滋賀県最大の温泉地。2000（平成12）年以降は地元観光協会の働きかけで、平仮名表記の「おごと温泉」を標榜。アルカリ性単純温泉で、神経痛や筋肉痛などに効能があります。

大阪、京都の広範な路線網を持つ京阪バスの実力

京阪各駅からの足として生活に、ビジネスに、観光にと欠かせないバス。ビジネスの街・大阪とその衛星都市、観光地・京都と滋賀に路線を持つ京阪バスは、沿線住人でなくてもこの地を訪れた人にとっては大変重要な存在です。

日常からビジネス使用まで

　伏見桃山駅から伏見桃山御陵への参拝客輸送のために、1922（大正11）年に11台のハイヤーからスタートした桃山自動車。その後、京阪電鉄との連携を強めて、1924（大正13）年に京阪自動車と改名、1972（昭和47）年、京阪バスと改名します。

　主に京阪電鉄沿線の路線バス、都市間バス、高速バス、関西空港への空港リムジンバス、定期観光バス、貸し切りバスなど、通勤や通学など住人の、そしてビジネス、観光の足として重要な役割を担っています。

　路線バスの営業エリアは京阪グループの京阪宇治バス、京阪京都バス、京都バス、江若バスを含めると、大阪、京都、滋賀、奈良の2府2県にまたがります。都市間バスは、京都から京阪交野市駅・なんば・松井山手駅・

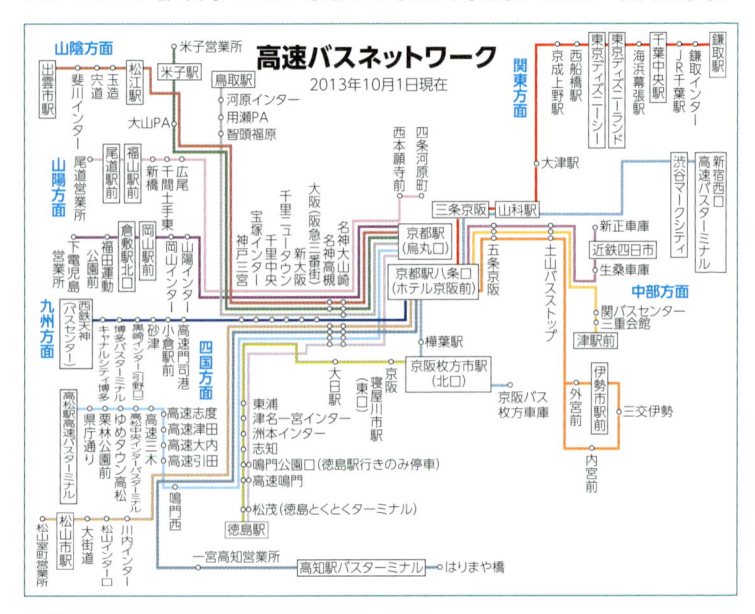

高速バスネットワーク
2013年10月1日現在

日常生活には
なくてはならない
京阪バスグループ

上・右／地域の足としてかかせない
京阪バス　写真提供：坪内政美(2枚とも)

京田辺市役所、なんば・京阪交野市駅から松井山手駅・京田辺市役所へ「ダイレクトエクスプレス直Q京都」で結びます。また京都から山科・醍醐寺方面を結ぶ座席定員制の「山科急行」は、乗り換えなしでアクセスできるので便利です。高速バスは京都（一部、牧方・寝屋川）を起点に渋谷・新宿、名古屋、松江・出雲、高知、徳島、松山、福岡といった主要18都市を結びます。空港リムジンバスは京阪守口市駅、京都駅、枚方市・寝屋川市駅の各方面から関西国際空港へアクセスしています。

京都の「おもてなし」には欠かせない定期観光バス

　京都市内では定期観光バスを運行しています。京都駅から京都を代表する観光地をスムーズにめぐることができ、バス代と入場料がセットになって経済的。特に京都は初めてという人には重宝します。半日コース、1日コース、夜のコースをはじめ、紅葉などの季節に合わせたコースなど、旬の京都を堪能できる企画を用意しています。最近では、1日24名限定の、ワンランク上の特別な京都観光ができるプレミアムコースを設定。2人掛けシートにひとりでゆったり座り特別体験と特別拝観ができるなど、個人旅行では体験できない魅力あるコースも。外国人の観光客に合わせて英語、中国語、韓国語にも対応しています。

> **マメ蔵** **バスロケーションシステム**……京阪バスではGPSを利用したバスロケーションシステムを採用。リアルタイムに停留所や目的地への到着予想時刻、バスの現在の位置などの運転状況をパソコン、スマートフォン、携帯電話から閲覧できます。

5章 ● 京阪電気鉄道トリビア

京阪グループの宿泊施設には どんなものがあるの?

大阪のビジネスユースのホテルから、ユニバーサル・スタジオ・ジャパンのオフィシャルホテル、観光に重宝する京都や琵琶湖湖畔のホテルの数々。大阪・京都・滋賀の観光やビジネスに便利なホテルを数多く展開しています。

USJのオフィシャルホテルも

　大阪、京都を中心にホテルを展開する京阪グループ。「ホテル京阪　京橋」はJR線や大阪市営地下鉄線も乗り換え可能な京阪本線京橋駅に直結。「ホテル京阪　天満橋」も京阪本線天満橋駅からすぐで、大阪城と大手前の官庁街、西隣りは北浜・淀屋橋のビジネス街と大阪の中心地に立地。いずれも大阪ビジネスパーク(OBP)にも近いとあって、ビジネス利用に重宝されています。

　ハリウッド・アールデコをコンセプトにした「ホテル京阪　ユニバーサル・シティ」と、2008(平成20)年にホテル日航ベイサイド大阪の閉鎖後の建物を引き継いだ、地上138m、32階建てのエリア最大の「ホテル京阪　ユニバーサル・タワー」の2つのオフィシャルホテルは、ユニバーサル・スタジオ・ジャパンまで徒歩2〜3分と便利です。

　京都には京都駅八条口から徒歩1分の「ホテル京阪　京都」があり、京

京阪グループのホテル一覧

- ●ホテル京阪　札幌
- ホテル京阪　京都
- 京都タワーホテル
- 京都タワーホテル　アネックス
- 京都第二タワーホテル
- 京都センチュリーホテル
- ロテル・ド・比叡
- 琵琶湖ホテル
- ●ホテル京阪　浅草
- ホテル京阪　京橋
- ホテル京阪　天満橋
- ホテル京阪　ユニバーサル・タワー
- ホテル京阪　ユニバーサル・シティ

清潔で機能的なビジネス用途から豪華なリゾートホテルが勢ぞろい

琵琶湖の眺望が楽しめる「琵琶湖ホテル」
写真提供：坪内政美

「ホテル京阪 京橋」はビジネス利用に最適
写真提供：河野孝司

都観光の拠点として人気。「ロテル・ド・比叡」は他と趣が異なり、豊かな歴史と自然に抱かれた比叡山にあるフレンチスタイルのオーベルジュで、京都の隠れ家的ホテルです。2009（平成21）年には京阪グループの全国展開第1弾として北海道に「ホテル京阪　札幌」を、同年に、関東地区進出第1号として東京都に「ホテル京阪　浅草」がオープンしました。

観光都市・京都まで網羅している

　そのほか、連結子会社となっている京阪グループのホテル、「京都タワーホテル」「京都タワーホテル　アネックス」「京都第二タワーホテル」「琵琶湖ホテル」「京都センチュリーホテル」があります。なかでも琵琶湖ホテルは、1934(昭和9)年に外国人観光客を誘致するための国策のもと、国際観光ホテルとして建設、ヘレン・ケラーやジョン・ウェインが宿泊したことでも知られています。旧琵琶湖ホテル本館は、1998(平成10)年にホテルが浜大津に移転した際に、敷地とともに大津市に寄贈され、「びわ湖大津館」として市民に開放されています。建物は市の指定有形文化財、経済産業省指定の近代化産業遺産群に認定されています。

> **マメ蔵**　**天空の京都**……日本におけるフランス年のイベントの一環として誕生したロテル・ド・比叡。フランスのアーティストと日本人の建築家のコラボによって構想されたフランス料理レストランと29の客室のプチホテルで、京阪ホテルの中では珍しく都会を離れた、標高600mの比叡山の中腹にあります。

「麺座」「京阪レストラン」ってどんな飲食施設なの?

小腹がすいたときに重宝する駅そばから、短時間で栄養のあるものを摂れるジューサーバー、落ち着いて食事をしたいときのレストランなど、いろいろなスタイルの飲食店を展開しています。

健康志向が追い風になったジューサーバー

　「京阪レストラン」は京阪沿線を中心に、名神高速道路の吹田サービスエリア、阪神高速道路の朝潮橋・湊町・泉大津の各パーキングエリア、ひらかたパークなどにレストラン、食堂、喫茶店などの飲食業、食品販売、お土産などの販売を行っています。

　また、「芦刈」「麺処あしかり」「麺居酒屋あしかり」「ステーキハウス近江」「チャイニーズレストラン満天楼」「創作キッチン　クロサーナ」「らーめん麺恋家」「グランローズ」「イートサーカス」などのオリジナルブランド店と、「函館市場」「ケンタッキー・フライド・チキン」といったフランチャイズ店も運営しています。

　京阪電鉄の駅改札口外で見かけるオレンジ色の店舗が目印の「ジューサーバー」は、京阪レストランの子会社。かつては京阪レストランの経営でしたが、好評だったためジューサーバー部門を独立、子会社化しました。新鮮な野菜と果物のフレッシュジュースを提供しています。時間に追われ

淀屋橋の「ビガール」は、ビールを楽しむためのお店　写真提供：河野孝司

オレンジ色の店舗が目印の「ジューサーバー」では新鮮なジュースをご賞味　写真提供：河野孝司

オリジナル店から
フランチャイズまで多規模に展開

ご当地限定の珍しいメニューがある「麺座」は、京阪の駅で展開（写真は丹波橋店）写真提供：河野孝司

ている人でも飲みやすいように、1杯のサイズが小さめになっており、その分ねだんが安く設定されています。人々の健康志向も追い風になり、京阪の駅以外でも出店。最近はジェイアール東日本フードビジネスとのフランチャイズ契約などにより、関東への出店が目立っています。

懐かしく珍しいメニューが魅力

　京阪駅構内を中心に営業をしている「麺座」は、京阪グループのびわこフードサービス。以前は「比叡」という店名でした。改名前から独自のレシピの研究開発に熱心で、油揚げをあぶった「炙りきつね」や、中華麺を使った「黄そば」などがあります。なかでも「黄そば」は中華麺にうどんのだし汁をかけたもので、かつて近畿地方の大衆食堂や高校の学食などで「そば」として出されていたものであり、懐かしさと珍しさで名物のメニューになっています。

　また、駅ごとにフェアメニューがあるのも特徴のひとつ。坂本龍馬ゆかりの地である中書島駅にある「麺座」では「龍馬うどん」というメニューを展開しています。現在、丹波橋駅、中書島駅、寝屋川市駅の3駅にあります。

> **マメ蔵　地域限定メニュー**……旬の果物や野菜を使ったメニューが登場。京都原産の壬生菜と豆乳と宇治茶をブレンドした京みぶ菜と豆乳ジュースはJR京都駅限定、宇治抹茶とヨーグルトを加えた宇治抹茶ヨーグルトジュースは地下鉄四条店限定、宇治抹茶と豆乳をブレンドした宇治抹茶豆乳オーレは淀屋橋店限定などがあります。

京阪グループ「ひらかたパーク」の上手な遊び方

21世紀に入り関西圏の遊園地が次々と閉園される中、今も元気に営業しているのが「ひらパー」こと「ひらかたパーク」。バラエティに富んだアトラクションやマニアもうならせるバラ園など、老若男女が楽しめるスポットです。

スリル満点のアトラクションからほのぼの系まで

　ひらかたパークは、ユニバーサル・スタジオ・ジャパンに次ぐ大阪で2番目の入園者を誇り、「ひらパー」の愛称で親しまれている人気スポットです。

　日本で継続的に営業している遊園地としては最古の遊園地で、1910(明治43)年、前身の京阪電鉄開業に合わせて開園した「香里遊園地」が、住宅開発のために現在の枚方公園駅付近に移転、香里園で開催していた菊人形展を継続して開催したことが起源。開業当初から続いた菊人形展は枚方の名を全国に広めた秋の風物詩となり、最盛期には菊人形展開催中80万人の入園者でに賑わいましたが、2005(平成17)年に幕を閉じます。

　約40種類のアトラクションがあり、スリル満点のものから誰もが楽しめるほのぼのしたものまでバラエティに富んでいます。その中で人気があるアトラクションは、木製のジェットコースター「エルフ」で、木製ならではの揺れと柔らかい乗り心地によって恐怖と心地よさが融合したアトラクションは、一度体感するとクセになります。ミニ動物園も併設されており、「ワンダーガーデン」ではアライグマやレッサーパンダに、「ピッコロ

ひらかたパーク周辺マップ

いつでもだれでも楽しめる！
レトロでオシャレな老舗遊園地

料金

入園・フリーパス

	入園&フリーパス	入園	フリーパス（入園料が別途必要）
おとな（中学生以上）	4,400円	1,400円	3,000円
小学生	3,800円	800円	3,000円
2歳〜未就学児	2,600円	800円	1,800円

※身障者手帳または療育手帳の表示で、本人と付添人1名の入園料金が4割引になります。入園&フリーパス、フリーパス、乗り物券の割引はありません。

年間パスポート

	入園+フリーパス	入園
おとな（中学生以上）	17,000円	5,000円
小学生	14,000円	3,000円
2歳〜未就学児	9,000円	3,000円

※発売場所は正面ゲートの横の団体受付で、発売時間はひらかたパークの営業時間内です。
※詳細についてはひらかたパークにお問い合わせください。
※料金は2014年4月1日現在のものです。

ガーデン」ではモルモットやリスザル、プレーリードッグなどに出会えます。「どうぶつハグハグたうん」では身近なイヌ、ネコをはじめ、アルパカ、カピバラなど約40種の動物に触れたり餌をやったりすることができます。

遊園地のバラ園とは思えない規模と質

　花を楽しめる遊園地でもあり、オリジナルの品種や古典的な花容のオールドローズ、豊富な色彩が魅力のモダンローズなど約600種4,000株のバラを楽しむことができる英国式ローズガーデンは、バラ好きな方にはたまらない本格的なバラ園です。春にはソメイヨシノを中心に300本の桜が来園者を迎えてくれます。

　夏は野外プール「ザ・ブーン」が、冬には野外スケート場がオープン。家族連れを意識し、小さな子どもが楽しめるよう配慮がなされています。

　そのほか、テレビでおなじみのキャラクターショーやイベントも企画されています。

マメ蔵　ひらパー兄さん……テレビCMなどに登場するキャラクター。2009（平成21）年にブラックマヨネーズの小杉竜一を「ひらパー兄さん」に起用して話題となりました。2013（平成25）年からは2代目「ひらパー兄さん」として、地元出身のV6・岡田准一を起用。「超ひらパー兄さん」として盛り上げています。

沿線密着型「京阪百貨店」「くずはモール」の楽しみ方

守口市駅をはじめ5店舗を展開する京阪百貨店は、電鉄系の店舗という利点を生かして、駅からすぐまたは直結という便利な立地にあります。通勤通学客など駅を起点に生活をする人はもちろん、地域住民の台所として欠かせません。

くずはモールは成長してリニューアル

　1985(昭和60)年に京阪電鉄守口車庫の跡地に、ターミナルデパートとして京阪百貨店がオープンしました。現在は、守口店、くずはモール店、ひらかた店、モール京橋店、すみのどう店の5店舗があり、すみのどう店以外は駅直結または駅前に立地しています。独立店舗は守口店のみで、ほかはモールやショッピングセンターの核テナントになっています。利用者の半数以上が地元沿線住民という地元密着型百貨店で、食料品が充実していることでも知られ"沿線の台所"を担っています。

　イズミヤ、ダイエーと170の専門店から成り立つショッピングモール「くずはモール（KUZUHA　MALL）」にも、京阪百貨店が入ります。ここは京阪沿線に住む人にとってはもっとも親しみのある場所です。日本の広域型ショッピングモールの先駆けとして1972（昭和47）年にオープンしま

ショッピングセンターの「くずはモール」が建つ樟葉駅前　写真提供：河野孝司

エキチカであることが最大の魅力!

新たに開業した映画館の「TOHOシネマズ」　写真提供：河野孝司

したが、2014(平成26)年3月12日に増床リニューアルオープンしました。西館を解体し、本館を増床。KIDS館、くずはコートも解体し、南館を建設。店舗数は175店舗から240店舗に増え、映画館「TOHOシネマズ」も新たにオープン。営業面積も今までの1.4倍の7万2千㎡に拡大され、大阪府最大級のショッピングセンターへと生まれ変わりました。

ミニ鉄道博物館は最大の目玉

今までのショッピングにプラスして、一角にミニ鉄道博物「SANZEN-HIROBA」がオープン、もちろん主役は京阪電鉄です。2013(平成25)年3月に引退した、「テレビカー」の愛称で親しまれた旧3000系特急電車の実物車両を常設展示することでも話題になっています。運転席での操作に合わせ前方と右側面のモニターに車窓の風景が映し出され、臨場感あふれる運転シミュレーターが楽しめます。商業施設内に実物の鉄道車両を常設展示するのは珍しく、リニューアルの目玉となっています。そのほか、沿線のジオラマ模型や京阪車両の歴史を振り返るコーナーもあり、「新しい場所で懐かしい気持ちにさせる」場所として、子どもから大人まで楽しめるようになっています。

> **マメ蔵**　**くずはモールのSL**……くずはモールにはD51-55が展示されていました。このD51"デゴイチ"は、1937(昭和12)年に製造され、旧大阪鉄道局吹田機関区に在籍して東海道本線や山陽本線で活躍。1971(昭和46)年にその役目を終えて、くずはモールに展示されました。今回のリニューアルにともない、JR嵯峨嵐山駅前にある「19世紀ホール」に移転展示されています。

京阪・南海のコラボで登場 駅ナカショップ「アンスリー」

駅のコンビニは文字通りのコンビニエンスストアで便利なお店です。「ちょっとほしいな」「ちょっと必要だな」という乗客心理を理解したニーズにあった品ぞろえがうれしい限りです。

ブランド名は共通、運営は各社で

　京阪電気鉄道と南海電気鉄道の駅に出店しているコンビニエンスストアの共通名称です。開業当初に参加していた阪神電気鉄道を合わせ3社のアルファベット表記"KEIHAN""NANKAI""HANSHIN"から3社の共通文字の『AN』と、店の標語である「安心」「安全」「安らぎ」の3つの『安(AN)』が店名の由来となっています。現在は阪神電鉄の店舗がなくなったことで"3社の共通文字"という由来が成り立たなくなり、後者の"3つの安"のほうを由来としています。

　共通のブランドを使用していますが、基本的に運営は京阪が京阪ザ・ストア、南海が南海フードシステムと各社が独自に行っています。商品やイベントの企画、スタッフ研修といった教育面などで提携をしています。また、阪神、阪急と近鉄を交えた5社共同事業として公共料金などの振込の取り扱いをしています。

京阪と南海の駅ナカで展開するコンビニエンスストア「アンスリー」　写真提供：河野孝司（2枚とも）

駅ナカ、駅前で便利な
コンビニエンスストア

駅ナカのドラッグストア「プラグ・イン」　写真提供：河野孝司

　1997(平成9)年に京阪の樟葉駅前に第1号店を出店して以来、駅ナカ、駅前を中心に出店しています。最近は100円均一ショップとコラボレートしたり、駅の雰囲気に合わせて店舗のデザインを一新したりしています。

駅の利用者のニーズに合わせ進化

　最近はニーズに合わせて、コンビニを超えた店づくりも展開。ドラッグストア大手のコクミンと提携した、コンビニとドラッグストアが融合した「Plug-in(プラグ・イン)」は、駅を利用する「忙しく（時間がなく）」疲れているビジネスマンやOLに「元気」や「癒し」の素を提供しています。
　駅売店とコンビニが融合した「アンスリーＳ∧Ｍ(サム)」は、「コンパクトでスピーディー、かつ便利ですてき」がコンセプト。従来のアンスリーに比べ店舗は小規模ですが、カバンに忍ばせオフィスのデスクなどで食べることができる小袋のお菓子など、ビジネスマンやOLのニーズに合わせた商品が並びます。レジ販売を中心としていますが、ラッシュ時には手売り販売も。ちなみにＳ∧Ｍ(サム)とは英語の「some」の発音記号に由来し、「なかなかの」「すてきな」という意味があります。

> **マメ蔵**
> **SECOND POCHE(セカンドポシェ)** ……従来の駅売店の機能性や利便性のみを重視したものではなく、飲料、雑貨、雑誌を中心にお客様がほしいものをオンタイムで提供する新しいスタイルの駅売店。店名は英語とフランス語をつなげた造語で、「あなたの2つ目のポケットに」という意味があるそうです。

京阪グループが開発した住宅都市にはどんなものがあるの?

京阪もほかの関西私鉄同様に沿線の住宅地開発を手掛けています。鬼門、湿地帯といった負のイメージを払拭することによって高級住宅街を作り上げ、鉄道とバス、ショッピングモールをプラスして更なる価値を高めています。

鬼門を払拭、イメージ戦略で宅地開発を後押し

　大阪〜神戸間にくらべて大阪〜京都間の開発はやや立ち遅れていました。大阪市内から見て鬼門の北東の方角ということと、湿地帯というイメージが強かったようです。京阪電鉄は開業当初から香里園を中心とした土地・住宅事業を計画していましたが、そういった理由もあり、なかなかうまくいきませんでした。

　その後、第1次世界大戦の好景気に押され、京阪電鉄も再び土地・住宅事業に力を入れるようになります。1928(昭和3)年に香里園に造成した宅地は完売し、2回目に売り出した宅地もたちまち完売します。その背景には鬼門を払拭するために**成田山不動尊の別院**を誘致したり、新しい文化住宅をアピールする「香里園改善住宅展覧会」を開催するといった、イメージを刷新するための販売促進活動がありました。香里園のコンセプトは「中流紳士の住居に適する住居を建設し、大阪人の郊外生活ニーズにこた

分譲中物件の「ローズプレイス宇治三室戸」。宇治線三室戸駅から徒歩3分だ　写真提供：河野孝司

鉄道が前提となった新しい街づくり

宅地分譲中の「くずはローズタウン」。樟葉駅から路線バスでおよそ15分、橋本駅からは徒歩10分　写真提供：河野孝司

える」というもので、大阪まで20分で行くことができる大阪北東の高級住宅地として位置づけられました。

日本の鉄道事業者のモデルとなる「くずはローズタウン」

　それ以降、郊外住宅地の形成に力を注いでいきます。なかでも枚方市の「くずはローズタウン」は、住宅開発に合わせて駅を移設し、バスターミナルが作られ、日本では珍しい複合型ショッピングモールもオープンしました。枚方北部の寒村であった地域は、1968(昭和43)年に136万平方メートルの大規模ニュータウンに生まれ変わり、日本の鉄道事業者による街づくりの基本となりました。

　その後、滋賀県大津市の琵琶湖の畔の「びわ湖ローズタウン」、『源氏物語』で有名な京都の宇治にひろがる「京阪東御蔵山」を開発。さらに京都府京田辺市と京都府八幡市にまたがる丘陵地帯に開発された「京阪東ローズタウン」では、「太陽と緑と健康の街」をテーマとした街づくりが評価され、2002(平成14)年に国土交通省から「まちづくり功労者」の表彰を受けています。

> **マメ蔵**　**成田山大阪別院明王院**……古くから大阪の表鬼門、京都からは裏鬼門ということで開発が遅れていた香里地区に、1934(昭和9)年に京阪電鉄から境内地と堂宇が寄贈され誕生しました。100台の車を同時に祈祷できる日本で初めての「交通安全祈願」の専用祈祷殿があり、毎年約20万台を祈祷します。

心豊かに暮らすための2つの味方「京阪園芸」と「オイトコ」

ひらかたパークにはバラ愛好家をもうならせるバラ園があります。そこを管理運営しているのが「京阪園芸」。沿線の緑の管理もしています。家の中のものをすっきりと整理したいときに役立つのは「オイトコ」、住人を陰で支えます。

京阪沿線の街づくりに欠かせないアイテム

　バラ愛好家にも一目置かれる京阪園芸。京阪電鉄開業から始まった秋の風物詩「ひらかた大菊人形展」に続き、春の定番行事をつくるために「ひらかたパーク」内に大バラ園が計画され、それを担う会社として1955（昭和30）年に「京阪ひらかた園芸企画（現・京阪園芸）」が京阪電鉄100パーセント出資で創業されました。当時伏見に住んでいた日本のバラの研究の第一人者・岡本寛治郎氏を造園監督に招き、朝日新聞社と京阪電鉄主催で東洋一のバラ園（現・ローズガーデン）をオープンさせます。

　京阪園芸が管理するローズガーデンでは、当時、岡本氏がフランスやイギリスから持ち込んだオールドローズといわれる希少なバラの数々が、今も大切に管理されています。また、40種類以上のオリジナル品種を作り出し、「金閣」「高雄」「鞍馬」「愛宕」「朱雀」などの京都ゆかりの名前が付けられました。その技術を生かして、京阪沿線の中之島公園のバラ園をはじめ、多くの公園や住宅地の造園を手掛け、街づくりに欠かせない企業と

「京阪園芸」はひらかたパーク内の大バラ園を担う会社として設立　写真提供：河野孝司

京阪沿線住民を
トータル的にサポート

なっています。

　また、京阪園芸ガーデナーズやフローリスト京阪（中之島フェスティバルタワー内）など、バラをはじめ季節の花やガーデニングの道具などを扱う店舗も展開、沿線の緑の文化の一端を担っています。

　「全国バラの花通選手権」で2回制覇という偉業を成し遂げた小山内健氏が勤務しているのもここ京阪園芸。「バラ鑑定士」「薔薇のソムリエ」として、多くの庭園づくりやバラの品種改良を手掛けてきた技術を、テレビ出演、講演会、執筆活動を通じて披露しています。

すっきりとスマートに住みたい方の味方

　関西私鉄初、空調完備・有人管理のレンタル収納スペース「オイトコ」は、収納しきれない衣類や、シーズンオフのレジャー用品、企業の事務機器や書類の保管などに利用できます。防犯管理も徹底され、サイズも用途に合わせて選択ができるので、家族が増えたりものが増えるなどして困っている方に、大変重宝されています。

　オイトコでは、安心と快適なサービスを提供するために、京阪電鉄が直営し、毎月の利用料金のみで管理費と共益費が不要になります。営業時間中は管理人が常駐し、24時間監視の防犯カメラなど、セキュリティは万全です。

古川橋～大和田間の高架下にある「オイトコ」はトランクルームとして利用できる　写真提供：河野孝司

マメ蔵　ガーデンセミナー……京阪園芸ではバラ園の運営だけではなく、バラの苗の販売やバラの栽培講習会を行っています。苗木の見学から花の咲かせ方、剪定の仕方など、初心者でもわかるようにバラ栽培のノウハウを教えてくれます。京阪園芸の経験と知識を惜しみなく伝授してくれます。

5章●京阪電気鉄道トリビア

京阪の鉄道模型製品には どんなものがあるの？

鉄道模型の種類は数あれど、Nゲージ（軌間が9㎜）が圧倒的な人気を誇ります。メーカー各社が工夫をこらしたことから、商品の数が増え、品質が飛躍的に高くなりました。

京阪マニアも満足の鉄道模型

　手ごろなサイズと種類の豊富さで人気の**Nゲージ**は、グリーンマックスやマイクロエースといった模型メーカーから発売されています。もちろん、京阪車両のものも販売されています。

　グリーンマックスからは、一般車の「京阪2400系」の旧塗装や新塗装、コンフォート・サルーンの愛称が付いた「京阪3000系（2代目）」がラインナップ。また、塗装済みのキットで「9000系」や「600形」、「1000系」、「6000系」なども販売されました。こちらは組み立てる楽しみがあります。

　マイクロエースからは、テレビカーの「3000系（初代）」や、3000系（2代目）が登場して「8030系」に改番された「3000系（初代）」、ダブルデッカーが組み込まれてエレガント・サルーンの愛称が付いた「8000系」、卵型をした「2600系」、5扉車の「5000系」などの旧塗装と新塗装が販売されました。

　また、京阪エージェンシーからは、京阪電車開業100周年記念・コレクションとして、「8000系」「3000系（2代目）」「7200系」（完成品）の先頭車のHOゲージ（軌間が16.5㎜）車両模型が通信販売されました。

左／初代3000系は新塗装にならずに引退した　右／現在の京阪のフラッグシップ8000系
写真提供：マイクロエース（2枚とも）

マニア向けのものから子ども向けまで豊富な品揃え

上／断面が卵形をしている旧塗装の2600系
左／新塗装にされた5扉車の5000系
写真提供：マイクロエース（2枚とも）

きかんしゃトーマスとコラボのプラレール

　本格的な模型ではありませんが、プラレールもマニアの市民権を得ている商品です。デフォルメされたデザインとカラフルさが可愛らしく、独自の熱狂的なマニアも多く存在します。

　京阪では2013（平成25）年3月〜2014（平成26）年3月の間走っていたラッピング電車「京阪電車10000系きかんしゃトーマス号2013」、「京阪電車3000系きかんしゃトーマス号2013」、「京阪電車10000系きかんしゃパーシー号2013」をプラレールにして販売しました。ちなみに、パーシー号は「『みんなで選んだキャラクターがラッピング電車に！』キャラクター投票」で1位に選ばれた電車です。

　プラレールは大きく5種類に分けることができます。ひとつは玩具店や百貨店の玩具売り場などで比較的容易に手に入る「定番品」。2つめも全国の玩具屋などで手に入る「鉄道博物館開館記念スペシャルセット」や「リニア・鉄道館開館記念スペシャルセット」などの一度しか生産しない「初回生産の限定品」、3つめにプラレールやトミカのイベントでしか手に入らない「イベント限定品」、4つめは鉄道会社が販売する「鉄道会社限定品」、5つめは一定の地域でしか販売しない「地域限定品」があります。

　京阪の「きかんしゃトーマス」のプラレールは、鉄道会社とそのグループでしか販売していないので、4つめの「鉄道会社限定品」になります。

> **マメ蔵**　Nゲージ……軌間9mmの鉄道模型で、Nはnineの頭文字。1912（大正元）年、ドイツの玩具メーカー、ビングが最初に生産。ところが国や車種、メーカーによって微妙に縮尺が異なっていて、日本ではおもに縮尺1/150、英国ではおもに縮尺1/148を用います。

京阪の映像製品には どんなものがあるの？

いまや動画は当たり前の時代。画質でBlu-rayに押されて来ているものの、まだまだ記録媒体としては根強い人気のDVD。京阪では特殊な撮影も取り入れて、他にはない魅力の公式作品を生み出しています。

前面展望映像はぜひとも押さえたいアイテム

　最近はビデオカメラが安価になったことや、携帯で気軽に撮影できることから、自作の前面展望映像をコレクションしている方も多いでしょう。やはり運転士になった気分で楽しめる前面展望は捨てがたい魅力を持っています。京阪が制作した商品はいずれも前面展望がふんだんに楽しめます。

　『富士急行線＆京阪電車 おもしろ電車大集合！』は、富士急行と京阪が制作した初のコラボDVDです。富士急行や京阪電車で活躍する車両の紹介はもちろんのこと、きかんしゃトーマスとなかまたちのラッピング車両も紹介。点検の様子やラッピング風景など、貴重な映像がもりだくさんです。2014（平成26）年、1編成が引退した富士急「フジサン特急」の大月～河口湖間や京阪京津線の浜大津～四宮間など前面展望も4本収録されています。

　『京阪電車 次世代通勤車両 13000系』は、交野線や宇治線で活躍する13000系を利用者が立ち入ることのできない場所で撮影し、走行シーンやローアングルカメラによる迫力の前面展望が楽しめます。

『京阪電車 次世代通勤車両13000系』のDVD。製造シーンや試運転など貴重な映像を収録

いつでもどこでもリアルに京阪電車の音を感じられる映像作品集

『さようならテレビカー　ありがとう旧3000系特急車』もマニア垂涎の貴重な映像が盛りだくさん

公式DVDだからこそ鑑賞できる視点がうれしい

　旧3000系特急車オリジナルDVD第1～3弾『旧3000系特急車～ラストランに向かって～』『さようならテレビカー　ありがとう旧3000系特急車』『京阪電車から富山地鉄へ　奇跡のダブルデッカー車ものがたり　京阪電車版』は、2代目3000系の登場で、旧3000系が8030系として活躍していた頃や、大井川鐵道で活躍する旧3000系の勇姿が記録されています。8000系ダブルデッカーの試作車となった3000系（初代）ダブルデッカーの開発秘話や、京阪電車寝屋川車庫から富山地方鉄道稲荷町工場への輸送風景、富山地方鉄道デビューに向けての改造整備と試運転など貴重な映像が収録されています。京阪公式のDVDは、四季折々の美しい風景や映像が楽しめ、撮影のガイドとしても活用することができます。

　また、京阪のゲージは1,435㎜の標準軌、富山地方鉄道や大井川鐵道は狭軌であることから、台車が替えられており、台車ファンにとっても必見の作品です。

　上記のDVDは、いずれも京阪カードの通信販売サイト「e-kenet（イー・ケネット）マーケット」で購入できます。映像製品は限定生産のものも多いので、気になる商品は早めの入手がおすすめです。

> **マメ蔵**　**大伴英嗣**……関西の声優界では有名。ナレーターや吹き替えの仕事も多数あり、京阪のほかにも阪神電車の自動放送アナウンス、大阪市営バスや阪急バスのナレーション、大阪アニメーションスクール専門学校の講師など多岐にわたって活躍中です。

京阪のグッズには どんなものがあるの？

いつでも京阪を感じていたい……そんな好事家のために作られた逸品は一見お子様向けのように思えるものもありますが、どこかレトロ感があってノスタルジック。他愛の無い玩具こそが、紳士淑女最高の嗜好品なのです。

手元に置いておきたいミニチュアびわこ号

　京阪の公式グッズはグループ会社の**京阪エージェンシー**が制作・販売を行っています。通信販売で購入できるほか、京阪百貨店守口店6階玩具売り場、横浜市の京急百貨店5階の玩具売り場、さいか屋横須賀店で、直接購入することができます。

　プラレール（179ページ）では、「京阪電車10000系きかんしゃトーマス号2013プラレール」「京阪電車3000系きかんしゃトーマス号2013プラレール」、「京阪電車10000系きかんしゃパーシー号2013プラレール」の3種類が販売されています。さらに、京阪は数年前にも「3000系」と「10000系きかんしゃトーマス号」の2種類限定のプラレールも販売しています。

　また、タカラトミーでは8000系新塗装のプラレールを販売しましたが、こちらは全国発売の定番品です。

「京阪電車旧30000系特急車マイクロファイバータオル」

向谷実が制作した『京阪電車発車メロディCOLLECTION 2013』

きかんしゃトーマスのプラレールはパーシー号をはじめ、すべてが限定品で京阪百貨店や京阪の通販サイトなどでしか扱っていない

お子様向けの可愛らしいおもちゃから
マニア向けの逸品まで揃った公式グッズ

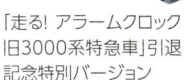

「走る! アラームクロック 旧3000系特急車」引退記念特別バージョン

「旧3000系特急車 想い出のヘッドマークコースターセット ファイナル」

「京阪電車700形きかんしゃトーマス号 2013 エクスプレスBOX」

トーマス2013「ワッペン＆おなまえラベル」

京阪の社員よりも京阪通になるためのグッズ

　大人が選ぶ通ごのみのグッズもあります。少し値段が張るものもありますが、それを堂々と販売するところに、こだわりが見えます。

　「旧3000系特急車　想い出のヘッドマークコースターセット　ファイナル」は、旧3000系特急車が引退を発表してから、実際に引退するまでの期間に開催されたイベントなどで掲げたヘッドマークを再現したコースター4枚セットで、伝統の鳩の特急マークも入っており、マニア垂涎のお宝になるかもしれません。

　そのほか、向谷実が制作した『京阪電車 発車メロディ COLLECTION 2013』のCDも見逃せません。京阪線の18駅で使用している発車メロディは、列車の種別（特急・特急以外）と行き先（上り・下り）で異なる4パターンがあり、パターンごとにメロディをつなげると1つの曲になるように設計されています。『京阪電車 発車メロディ COLLECTION 2013』は、2008（平成20）年に発売したCDに新たに新曲『YOU GO!』、および前回未収録の発車音（3秒）2種の音源を加えたものです。

　これらのグッズは限定発売のものが多いため、入手するためには、こまめな情報チェックがおすすめです。

> **マメ蔵　京阪エージェンシー**……京阪グループの広告代理店。1999（平成11）年6月3日、株式会社京阪交通社より業務運営の委託を受けて設立されました。京阪電鉄、京福電鉄、叡山電鉄の駅構内広告や中吊り広告の仲介、月刊情報誌「K PRESS」の製作なども行っています。

ローカル私鉄で活躍する初代3000系特急車たち

大手私鉄の鉄道車両も人間と同じように定年退職を迎えます。表舞台から姿を消す車両もありますが、中には地方私鉄を第二の人生として走る車両もあります。ここでは、地方私鉄で活躍する元・京阪の初代3000系を紹介します。

富山地方鉄道では、初代3000系のダブルデッカーも活躍

　1990（平成2）年8月20日付で除籍された3001編成の3001号と3501号の2両は、元・京阪3000系のトップナンバーです。当時、富山地方鉄道の大半の車両より車齢が若く、竣工後、車内設備の優秀さに驚いてすぐに追加譲渡が決定したといわれています。形式は10030形となり、16両（8編成）が出そろい、富山地方鉄道オリジナルの黄色と緑の塗装に変更されて、地元では「かぼちゃ電車」と呼ばれています。

　京阪の軌間は1,435mmで、富山地方鉄道はJRの在来線と同じ1,067mmです。そのままでは走らせることができないので、初代3000系は、台車や主電動機は余剰になった帝都高速度交通営団（現・東京地下鉄）3000系やJR485系のものに交換されました。

　2013（平成25）年には、元・京阪3000系唯一のダブルデッカー（2階建て）車両の8831号車が京阪から富山地方鉄道に譲渡されました。京阪時代の塗装に復元された編成に組み込まれ、同年8月25日から「ダブ

左／編成の中間に2階建て車両が組み込まれた「ダブルデッカーエキスプレス」　右上／2階建て車両は、側面のイラストが印象的　右下／地元では黄色と緑の塗装から「かぼちゃ電車」という愛称が付けられた　写真提供：坪内政美（3枚とも）

ローカル私鉄でも実力を発揮
元特急車としての貫禄も充分

左／千頭側の先頭車には伝統の特急マークが復活　右上／クラシックな車庫で休む大井川鐵道3000系　右下／縦に長い客室の窓は元・京阪の初代3000系の特徴　写真提供：坪内政美（3枚とも）

ルデッカーエキスプレス」として営業運転を開始しました。

SLと一緒に走った元・京阪特急の3000系

　大井川鐵道へは2両（1編成）が譲渡され、ワンマン化されましたが、塗装は京阪時代のままで使用されていました。車内には飲み物の自動販売機が設置され、乗務員室助士席側の座席が、運賃箱を設けたためクロスシートからロングシートに改造されました。

　2012（平成24）9月には、千頭方の先頭車の貫通扉の行き先板が外されて、鳩の特急マークが復活しました。大井川鐵道の軌間はJR線と同じ1,067㎜なので、台車は富山地方鉄道同様、帝都高速度交通営団（現・東京地下鉄）5000系のものが使われていました。

　老朽化にともない2014（平成26）年2月に営業運転を終了することになり、同車の引退記念イベントが行われました。側面には「テレビカー」の文字が復活し、大井川鐵道では初の千頭〜新金谷間ノンストップの特急として運転されました。

> **マメ蔵**　**大井川鐵道**……静岡県に路線を持つ名鉄グループの中小私鉄。SLの運転や日本唯一のアプト式鉄道（井川線）が有名です。大井川本線では、元・近鉄の特急車16000系や元・南海の急行車21001系など、関西私鉄の名車が活躍しています。

沿線おでかけ情報「おけいはん.ねっと」の活用法

電車に乗って出かけたいなと思ったときの強い味方。行楽に重宝するイベント情報から、ちょっと通な情報まで、ただ読んでいるだけでも楽しいサイトです。お出かけ情報と鉄道のアクセス情報が一度に得られるのも便利です。

散策スタイルに合わせて検索

　京阪電鉄沿線は魅力的な観光地がたくさんあります。そのなかから魅力的な観光情報を発信しているのが、沿線お出かけ情報「おけいはん.ねっと」です。

　スポット検索で駅からはもちろん、「京都」「大阪」といったエリア、「神社・仏閣」「レジャー」「美術館」といったカテゴリーから行きたい場所を探し出せます。

　5代目おけいはんによるおさんぽマップは、初めて散策する人にも分かりやすく紹介しています。美術に興味がある人には「京阪沿線　Art Collection」で、沿線の美術館や博物館で行われる展覧会の情報が紹介されています。今、流行のウォーキングやハイキングのイベント情報は、難度も表示されていますので、レベルに合ったイベントを探すことができます。もちろん好きなときにのんびりと歩きたい方には、エリア別にウォーキングマップも紹介しています。

情報満載の「おけいはん.ねっと」のホームページ

京阪沿線のお出かけに困ったときに便利なサイト

上・右／「おけいはん.ねっと」は沿線の情報が満載。駅のポスターにも情報を掲載している　写真提供：河野孝司（2枚とも）

　各地のお祭りやイベントなどの情報や、話題のお店やレストランなども紹介されていますので、出かけるときに事前にチェックしておくと便利です。

沿線のコアなネタもここで

　歴史の表舞台として登場する大阪や京都には、住んでいてもまだまだ知らないことがたくさん。誰もが知っている有名なものでも、知っているようで知らなかった「なるほど」と思える情報を紹介しています。「京都ツウのススメ」や「名品型録」は、京阪沿線情報誌「K PRESS」と連動して誰もが知っているようなことを、深く紹介しています。若一光司氏による、名橋の歴史的いわれや見どころを紹介する「京阪沿線の名橋を渡る」や、同じく沿線の塔を紹介する「京阪沿線に此の塔あり」は、散策の参考になる情報も満載。どれもバックナンバーを見ることができるので、知りたい情報を見ることができるかもしれません。「K PRESS」は季節ごとの特集記事やイベント、グルメなど、沿線のおでかけ情報も満載で、京阪グループの情報などもお知らせしています。「気になるあの駅散策マップ」や「沿線食べくらべ 極旨MENU」、「京阪沿線の名橋を渡る」、「e-kenet PiTaPaで行こう」など貴重な情報が盛りだくさんです。

　また沿線にまつわる歴史や文化を中心に、注目の話題をテーマを取り上げ、専門家を招いた講演、講談会の紹介もあり、京阪沿線を知り尽くした人から、初めて沿線を訪れる人まで満足した情報を得ることができます。

> **マメ蔵**　花の名所……京阪沿線ではバラや花しょうぶ、アジサイの見どころが点在し、花が見ごろの季節になると京阪電鉄のHP上で開花情報が公開されます。そのほか紅葉、花火、イルミネーション、お祭りなどの旬のイベント情報が手に入ります。

「おけいはんポイント」ってどんなポイントなの?

乗れば乗るほどポイントが貯まり、買えば買うほどポイントが貯まるおけいはんポイント。電車に乗ってお買い物に行けばさらに貯まり、ネットショッピングでも貯まる。上手に使えばたくさん貯まっていきます。

買いもの上手は京阪に乗ってお買いもの

　京阪グループの店舗をはじめ、おけいはんポイント加盟店でのお買いものなどによってポイントが貯まります。一部の加盟店を除き、e‐kenet VISAカードでの支払いのほか、現金での支払いでもe-kenet ポイント専用カードまたはe-kenet VISAカードを提示すればポイントを貯めることができます。原則として支払金額100円につき1ポイントとなります。

　このほか「京阪レイルウエイマイレージ」という、PiTaPaカードで京阪電車(京阪線や大津線とも)を利用すると、ポイントが貯まるサービスがあります。利用料金の1パーセントがポイントとなり、さらに「区間指定割引」が適用されると1か月定期券の10パーセントがポイントとなります。

　また、京阪マイレージPiTaPaカードで京阪電車に乗車し、e-kenet VISAカードでお買いものやお食事、利用料金を支払うと、京阪電車の往復または片道運賃相当のおけいはんポイントが進呈されます。例えば、京都タカシマヤでe‐kenet VISAカードを利用して2万円以上買い物をし、大津線・男山ケーブルを除く京阪の乗車駅から祇園四条または三条駅を利用すると往復運賃相当のポイントが、1万円以上2万円未満のお買い物の場合でも片道運賃相当のポイントがつきます。リーガロイヤルホテル大阪や太閤園、fanbi寺内でのお食事、お買いもの、ご利用でも同様のポイントがつきます。

　さらに、PiTaPaカードで京阪電車に往復で乗車し、京阪百貨店守口店(最寄り駅は守口市駅)、浜大津アーカス(最寄り駅は浜大津駅)の京阪グループの商業施設で、e-kenet VISAカードを利用してお買いもの(京阪百貨店守口店は5,250円以上で土日祝日のみ、浜大津アーカスは1,000円以上で毎日)をすると、ポイントが2倍になります。

京阪利用者に大好評
賢く貯めてガッチリ使える

運賃相当分のおけいはんポイントが返ってくる

京阪電車
＆
京都タカシマヤ

京都タカシマヤで
お買い物すると

1万円以上お買物で
片道相当分
2万円以上お買物で
往復相当分

乗車駅から
※大津線・男山ケーブルは除きます
祇園四条駅または三条駅まで

「京阪電車&京都タカシマヤ」のしくみ

京阪電車の往復または片道運賃相当分が戻ってきます。

京阪電車乗車駅：京阪マイレージPiTaPaカードで、京阪電車に乗車し、祇園四条(または三条)駅下車。

京阪電車下車駅：京阪マイレージPiTaPaカードで、祇園四条(または三条)駅から、京阪電車に乗車。

祇園四条駅(または三条駅)から徒歩5分

e-kenet VISAカード

京都タカシマヤでお買物
※同日のお買物に限ります。

※京都タカシマヤで2万円以上e-kenet VISAカードで支払う場合は往復運賃、1万円以上〜2万円未満をe-kenet VISAカードで支払う場合は、片道運賃が戻ります。

貯めたポイントでまたお買いもの

　貯まったポイントはクーポン発券機「おけいはんステーション」で確認することができます。またwebブランチに加入するとPCなどでも確認することが可能です。

　おけいはんクーポンは500ポイントにつき500円相当のおけいはんクーポンに交換でき、おけいはんポイント加盟店で利用できます。

> **マメ蔵　花まるクレジットポイント**……「e- kenet VISAカード」の利用に応じて、1,000円につき1ポイントが貯まり、10万円ごとに10ポイントのボーナスポイント。利用額が一定額を超えた場合、ダブルボーナスポイントとしてポイントが上乗せされます。200ポイントから希望の商品に交換ができます。

愉快軽快『京阪特急♪』聴けば当時の沿線風景が浮かび上がる

鉄道会社は、『高原列車で行こう』などの流行歌がヒットしたこともあり、相次いで主題歌を製作。合理化や近代化によって失われた、関西大手私鉄の意外にもローカルな側面を見ることができるでしょう。

レトロなリズムと歌唱が今となっては新鮮

　『京阪特急♪』は、1958（昭和33）年に登場した1800系特急のテーマソングとして、当時売れっ子だったマルチアーティストの三木鶏郎が作詞・作曲。豪華なストリングスとホーンセクションが織りなす軽快なリズムに乗って、**楠トシエ**がちょっとおどけた感じで歌っています。

　全歌詞は以下の通り。歌詞を見れば、当時の京阪ののどかな沿線の雰囲気が伝わってきます。

走る窓から眺めたら　ローラコースター雲の上
春は薔薇色枚方(注1)の　秋は嬉しい菊人形(注2)

天満橋から三条へ(注3)　ジリリンピリピリポーッポ
京阪特急　京阪特急

走る窓から花びらが　飛びこむ春は橋の上
京都三条 鴨川(注4)に　招くだらり(注5)の舞妓はん

天満橋から三条へ　ジリリンピリピリポーッポ
京阪特急　京阪特急

走る窓から見上げたら　杉は比叡の山の上
緑輝く山肌に ドライブウエイ(注6)の白い道

天満橋から三条へ　ジリリンピリピリポーッポ
京阪特急　京阪特急

走る窓から見下ろすと　ヨット 赤い帆 波の上
今日もご機嫌青い空　琵琶湖巡りの白い船(注7)

天満橋から三条へ　ジリリンピリピリポーッポ
京阪特急　京阪特急

JASRAC 出 1401548-401

歌を口ずさめば
沿線には魅力が盛りだくさん

鴨川沿いを行く旧3000系特急列車。懐かしい風景だ
写真提供：RGG

当時の車窓を映し出す歌詞が魅力的

　歌詞を解説すると、1番の薔薇色枚方（注1）は薔薇の名所である「ひらかたパーク」を示し、ここは菊人形展も有名でした（注2）。当初は天満橋〜三条間を走っていたことから、この歌詞（注3）になっており、1963（昭和38）年4月16日に天満橋〜淀屋橋が開業してからは、同時に歌詞も変更されました。

　地下化される前は鴨川堤を走っていたため、2番は花びらが舞う鴨川河川敷を表現して（注4）います。だらり（注5）とは舞妓さんが着ている着物で、いかにも京都らしさがアピールされています。

　3番は京阪グループの経営である比叡山ドライブウェイ（注6）をさりげなく宣伝。4番は琵琶湖までも足を伸ばし、この当時、琵琶湖の女王と呼ばれた「玻璃丸」（注7）のことまで歌っています。

　なお当時の特急は京阪間ノンストップで、枚方市駅には停車しません。京都市街の鴨川東岸を走っていた区間は1987（昭和62）年に地下化されて鴨川が見えなくなったほか、ひらかたパークの菊人形展も2005（平成17）年を限りに開催されなくなったため、歌詞と実際との相違点が顕著になりました。最近発売のCD『スルッとKANSAI Sound Collection Vol.01』には、『淀屋橋から三条へ京阪特急』が収録されています。

　なお作者の三木鶏郎は東京帝國大学法学部法律学科を卒業後、放送作家、構成作家、演出家としても活躍。日本で初めてコマーシャルソングをつくり、ディズニーアニメで初の日本語版音楽監督を務めた多才な人物。小田急電鉄『小田急ピポーの電車』、近畿日本鉄道『近鉄特急（近鉄のうた）』、南海電気鉄道『なーん、なーん、南海電車』なども手がけています。

> **マメ蔵　楠トシエ**……1928（昭和3）年1月11日生まれ、東京市神田区（当時）出身の歌手で、元祖「コマーシャルソングの女王」と呼ばれています。清酒黄桜のCMソング『かっぱの唄』は現在もオンエアーされているほか、『ひょっこりひょうたん島』では声優もこなしました。

京阪電鉄の保安設備にはどんなものがあるの?

今年から「新型ATS(自動列車停止装置)」が導入され、安全面に対するシステムが強化されている一方、一両一両お守りが貼られているというアナクロな面も。この混在が京阪らしさを醸し出しています。

最新システムが守る京阪の安全運行

　京阪電鉄では2014(平成26)年度から「新型ATS(自動列車停止装置)」を一部区間で使用開始します。現在採用しているATSは「点制御方式」というもので、線路上に配置された2個の地上子を通過する時間で速度を計測し、速度超過した場合、自動的にブレーキがかかるというものです。このシステムから、「多情報連続制御式ATSシステム」という方式に変更していきます。

　地上装置から列車に伝送された信号などの情報と、車上データベースに記憶された信号機の位置や勾配などの情報に基づいてブレーキの性能や走行距離から上限速度を算出して、その数字に基づいて常に速度チェックを行うもので、踏切やホームでの異常発生時などにも対応。従来にも増した安全性向上が期待できます。2014(平成26)年度の深草～出町柳間の採用をはじめ、2016(平成28)年に全線で導入完了する予定です。

　駅には、駅のホームから乗客が転落した場合など、列車を停止させなけ

乗務員室の新型「ATS」表示　写真提供：河野孝司

ハイテクからローテクなものまで
京阪電車の安全を守る

ればならない事態が発生した場合に使用する非常ボタン「ホーム異常通報装置」が設置されていますが、まだ全駅設置とはなっていません。2017（平成29）年度までに京阪線16駅に設置することで、全駅設置を計画しています。

一両一両、不動明王の分身に守られて

上記のように、最新システムの設備を導入していますが、京阪の最大の特徴の保安設備はなんといっても「成田山」のお守りです。木枠に恭しく納まる「交通安全、災難消除祈願」の文字。京阪の700両以上の全車両（綱索線除く）の大阪側に付いているそうです。そればかりか、京阪バスの全車両、琵琶湖汽船にまで付いているというから驚きです。

昭和初期に沿線で住宅開発を目指したものの大阪の鬼門ということで敬遠されたとき、成田山を誘致することで鬼門鎮めにしようと、京阪は土地を寄付して落慶しました。それが大阪成田山不動尊です。開創以来、京阪電鉄関係者は春、秋、年末に参拝し、各車両のお守りは毎年12月の年末年始輸送安全を祈願した際に授与されて、必ず取り換えられています。

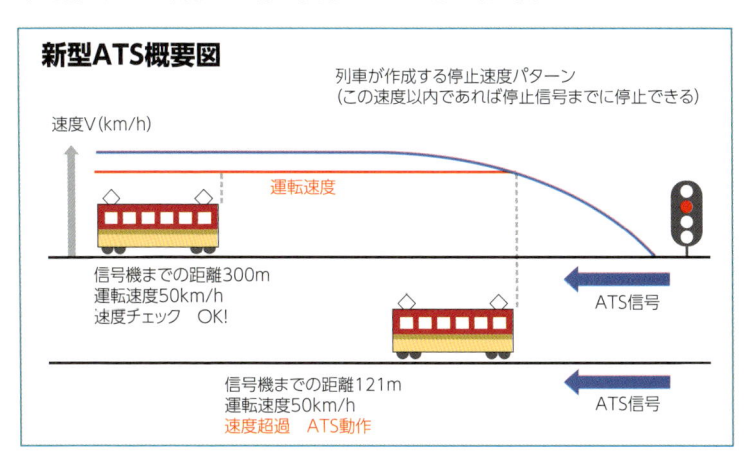

新型ATS概要図

列車が作成する停止速度パターン
（この速度以内であれば停止信号までに停止できる）

速度V(km/h)

運転速度

信号機までの距離300m
運転速度50km/h
速度チェック　OK!

ATS信号

信号機までの距離121m
運転速度50km/h
速度超過　ATS動作

ATS信号

マメ蔵　ケーブルカーのお守り……京阪電鉄の全車両とバス、琵琶湖汽船など京阪グループの乗り物には成田山のお守りが必ず付けられています。しかし、同じ京阪グループで、男山ケーブル線だけは石清水八幡宮のお守り。これは石清水八幡宮の参拝客を輸送するという意味があるからです。

6章

京阪電気鉄道の
歴史

写真提供：辻本操

1901(明治34)年創業の畿内電気鉄道をルーツとする京阪電気鉄道は、電力事業や琵琶湖の観光汽船などを併合しながら規模を拡大していきました。戦時中、京阪神急行電鉄(現・阪急電鉄)との合併時にいったん京阪の社名は消滅したものの、戦後両社が分離される際に復活しています。この章では京阪の113年の歴史を回顧します。

写真提供：関田克孝

大阪・天満橋〜京都・五条間に京阪電気鉄道が開業

大阪〜京都間の官鉄と対抗するかのように、京阪電気鉄道は開業しました。会社設立に際しては、関西財界のみならず関東財界からの多くの協力も仰ぎ、軌道線として開業することができたのです。

大阪〜京都間に官営鉄道が開通

　室町時代から商都・堺に近く淀川の舟運と街道筋にあった大坂は、地の利を活かして発展しました。江戸時代以降も物流拠点として栄え、明治に入ると、大阪の近代化が一気に進みます。それまで、大阪には小さな運河が縦横無尽に走っていたことから"水の都"と呼ばれていました。大坂から改名した大阪には工場が建ち並び、"煙都"と揶揄されるほどでした。その一方で、経済発展は目覚ましく、"東洋のマンチェスター"とも称されるようになります。

　商都大阪には、早くから鉄道が求められるようになりました。新橋〜横浜間の日本初の鉄道の開通に遅れること5年、1877（明治10）年に官営鉄道が京都〜大阪間で走ったのです。

開業当時の木造車両　資料提供：関田克孝

民間鉄道会社を望む声に応えて
京阪間に日本初の電車を運転

五条大橋と京阪電車200形　資料提供：関田克孝

6章 ● 京阪電気鉄道の歴史

天満橋〜五条間に軌道として開業

　鉄道が開通したことで、大阪〜京都間はますます賑わいましたが、東京に奠都したことで人口が減少して街が衰退してしまうのではないかという危機感が京都にはありました。京都の賑わいを絶やしてはならないというスローガンのもと、近代化を推し進めるツールとして日本初の水力発電のための用水路・琵琶湖疏水が官民あげて建設されます。

　電気は京都の街を大きく変え、1894（明治27）年には京都電気鉄道が日本初の電車の営業運転を始めました。

　それと連動するように、関西財界からは民間の鉄道会社を京都〜大阪間に望む声が強くなります。しかし、すでに京都〜大阪間には官営鉄道が運行しています。1900（明治33）年には、名古屋〜大阪間で競合路線となる関西鉄道が開業したこともあり、政府が競合路線となる私鉄を許可するはずがありませんでした。

　関西財界では、鉄道の監督官庁・内務省の大臣だった原敬と近しい**岡崎邦輔**を社長に据え、岡崎の政治力で政府に許可を求めます。

　官鉄が"鉄道"であったのに対して、京阪が"軌道"だったことで政府から競合路線とはみなされず、1910（明治43）年に天満橋〜五条（現・清水五条）間を開業させることができたのです。

> **マメ蔵**　**岡崎邦輔**……明治期に不平等条約の改正に尽力した陸奥宗光の従弟で、秘書を務めた経験もあります。陸奥が政界を引退してからは後継者として衆議院議員となり、紀勢鉄道の建設に尽力。1920(大正9)年に鉄道省が発足する際は、初代大臣として名前があがるほどの実力者でした。

京津電気軌道の併合と宇治支線の開業で路線を拡大

天満橋〜五条間を一気に開業させた京阪は、3年後に宇治支線（現・宇治線）を建設して路線を拡大させました。一方、現在は京津線として運行している京津電気軌道が、1913（大正2）年に開業。京津電気軌道は1925（大正14）年に京阪と合併しました。

急ピッチで宇治支線を開通

　大阪〜京都間で並行する官鉄との競合を避けて政府から認可を受けたために、京阪は軌道線として開業しました。その影響から、京阪は全線の約3割が併用軌道区間で、カーブも多い線形でした。線路がきちんとした場所に建設できるならまだマシで、京都市内は線路用地の確保できない状態でした。京阪経営陣は、京都市に頼みこんで琵琶湖疏水の堤防を線路用地にさせてもらい凌ぎます。

　宇治支線は1913（大正2）年に開業していますが、この前年には明治天皇が崩御し、京阪沿線の桃山御陵に葬られました。このため、大喪の礼が挙行された際には、たくさんの国民が参列に訪れ、

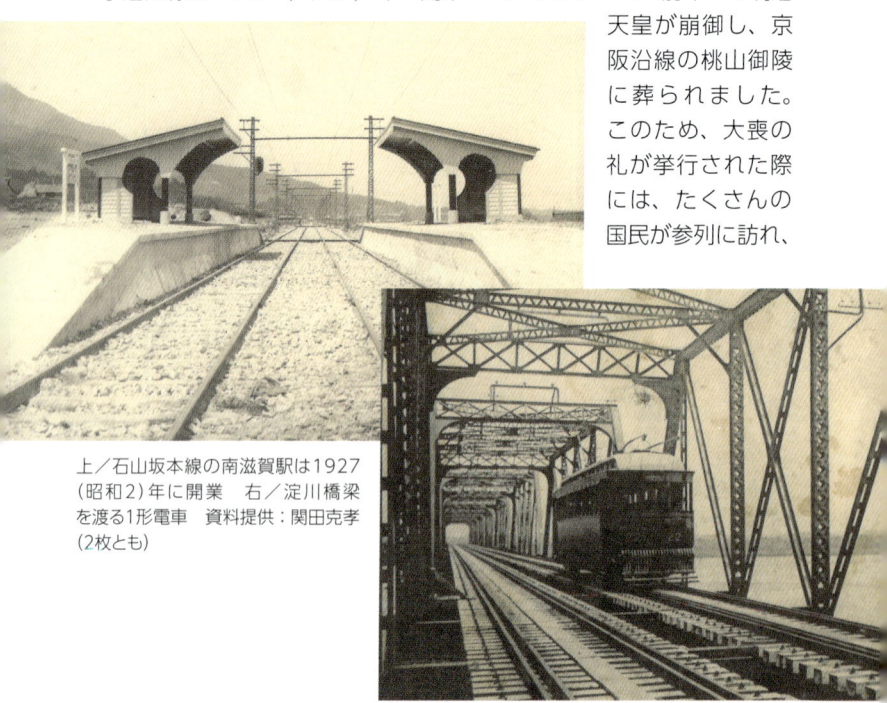

上／石山坂本線の南滋賀駅は1927（昭和2）年に開業　右／淀川橋梁を渡る1形電車　資料提供：関田克孝（2枚とも）

五条から三条へ路線を延伸し
京津電気軌道と乗り入れ開始

京都市電と平面交差をする四条付近。手前の橋が四条大橋　資料提供：関田克孝

京阪は大混乱してしまいました。すこしでも桃山御陵へのアクセスを改善しようと、京阪は宇治支線の建設ピッチを上げて、翌年に完成させます。

京阪と京津電気軌道が合併

　一方、官鉄の京都駅は市内中心部からはずれていたこともあり、京都市民にとって使い勝手がよくなかったのです。京津電気軌道は大津と京都市の中心部である三条とをダイレクトに結ぶ鉄道として計画されました。

　1915（大正4）年、京阪は京津電気軌道との乗り入れを想定して、本線を五条から三条まで延伸させました。1923（大正12）年には京津電気軌道が京津三条駅から京阪電鉄に乗り入れるようになり、1925（大正14）年に京阪と京津電気軌道は合併します。合併に際しては京都電燈も名乗りをあげましたが、鉄道事業は京阪に、電気事業は京都電燈に移譲することで決着しています。

> **マメ蔵　琵琶湖疏水**……第3代京都府知事の北垣国道が技術者・田辺朔郎に建設させた日本初の水力発電用水路です。琵琶湖疏水は京都の産業発展に大きく寄与しました。田辺は才能を評価されて、北海道の官営鉄道や大阪市営地下鉄の設計・建設を任されています。

6章●京阪電気鉄道の歴史

ノンストップ急行の運転と都市間輸送の強化

1912（大正元）年には、早くも並行する東海道本線の往復旅客数を上回った京阪は、さらに天満橋〜三条間にノンストップ急行を走らせて所要時間を100分から60分に短縮しました。1934（昭和9）年には、天満橋〜浜大津間を72分で結ぶ特急運転も開始しました。

都心部にアクセスする京阪は利用者に好評

　認可の過程で、京阪と東海道本線とは競合しないとしていたものの、実態としては京阪と東海道本線とは激しく乗客獲得争いをするライバル関係にありました。運転本数が多く、京都の繁華街にアクセスする京阪は、その便利さが利用者に好評を得て、1912（大正元）年には、京都〜大阪間を往復する利用者が東海道本線の利用者より上回りました。

　京阪はさらに本線輸送に力を入れるべく、急行電車の運行を開始します。これまで100分かかっていた所要時間を60分に短縮したのです。急行の運行を開始したばかりの頃は、信号装置が未整備だったこともあり、急行は終電の1本だけでした。その終電の急行電車も、1本前の最終普通電車を発車させた後、かなり時間をおいてから出発させていたのです。

急行仕業に就くクロスシートの2代目1000形　写真提供：辻本操

信号の整備により急行電車が増発
フリークエントサービスを実施

鉄道線から軌道線に直通する60形「びわこ号」 写真提供：杵屋栄二

日本初の連接車を運転

　後に京阪の社長を務める**太田光凞**は、1914（大正3）年に信号装置の整備に着手します。信号装置が整備されたことで、急行電車は1日6本に増発できるようになりました。速く移動できる急行電車は、利用者から好評を博し、京阪では1916（大正5）年に従来の急行に加えて、途中の8駅に停車する急行の運行も開始したのです。驚くべきことに、途中8駅に停車する急行は、約24分おきに運転されていました。

　京阪のスピード列車として名高い「びわこ号」は、1934（昭和9）年に誕生します。「びわこ号」は特急を名乗り、浜大津〜三条大橋〜天満橋を約72分で結びました。「びわこ号」は速く走るばかりではなく、高速鉄道にも併用軌道区間にも適応した車両性能で、日本初の連接車（18ページ）ということも多くのファンから愛される要因になりました。

　2009（平成21）年、「びわこ号」は経済産業省が認定する近代化産業遺産に認定されています。

> **マメ蔵** **太田光凞**……官営鉄道の官僚だった太田は、京阪の設立話を聞き、官職を辞して京阪に専務取締役として入社しました。社長は岡崎邦輔でしたが、岡崎は東京にいることが多かったため、路線の選定や信号機の導入、新型車両の開発などの実務はすべて太田が取り仕切りました。

北大阪電気鉄道の開業と電力供給事業への進出

淀川右岸進出にあたり、京阪は北大阪電気鉄道という鉄道会社に着目します。千里山のニュータウン開発をはじめとする北大阪電鉄が手がけていた不動産事業は、その後の京阪の収入源にもなりました。京阪は電気事業などにも進出し、多角的な事業展開をしました。

郊外に墓地をつくり葬儀電車を運転

　現在の阪急電鉄の京都本線は、もともと北大阪電気鉄道が敷設した路線です。北大阪電鉄は千里山のニュータウン開発を目的として設立されましたが、ほかの鉄道会社と異なる特殊な役割を掲げていました。それが、膨張する大阪市から葬儀電車を走らせるというものでした。

　当時、大阪市は合併で市域を拡大しており、"大"大阪と呼ばれるほどの巨大都市となっていました。人口は増え続ける一方でしたが、他方で、墓地問題が浮上していました。大阪市内は人口が急増したことで墓地が不足していたのです。北大阪電鉄には郊外に新しく墓地を造成し、大阪から墓地まで遺体や遺族を運ぶ役割が求められたのです。

　北大阪電鉄の葬儀電車は霊柩車の普及に伴って、わずかな期間で運行を終了しました。代わりに、北大阪電鉄は千里山ニュータウンの開発に傾注します。しかし、北大阪電鉄はあえなく新京阪鉄道と合併することになり、事業は新京阪に引き継がれました。

京阪電車の沿線案内図の数々。新京阪時代の現・阪急京都線も掲載されており大変興味深い　資料提供：関田克孝（3枚とも）

ニュータウンの開発や大学を誘致し巨大な電力会社も傘下に

上／1926(大正15)年に開業した男山ケーブル　右／京阪本線開通と同時に開業した八幡(現・八幡市駅)　資料提供：関田克孝(2枚とも)

多角的に事業を展開

　新京阪と京阪電鉄は千里山ニュータウンだけではなく、沿線の不動産開発に力を入れるようになります。特に京阪が力を入れたのが大学の誘致でした。京阪が熱心に**大学町**を造成したことから、沿線にはたくさんの大学が立地しました。

　このほか、京阪が副業として力を入れていたのが電気事業です。京阪では1911(明治44)年から電気事業を始めましたが、1913(大正2)年に摂津電気、1919(大正8)年には安威川水力電気、1922(大正11)年には和歌山水力電気、1926(大正15)年には日高川水力電気を合併して近畿一円に巨大電力会社として君臨したのです。

　京阪の電力事業の収益は鉄道事業と肩を並べるほどで、時に経営を支えました。1929(昭和4)年の決算では、鉄道事業よりも電力事業の営業利益の方が多い状況だったのです。

> **マメ蔵**　**大学町**……私鉄では、乗客を増やす方策として大学のキャンパスを沿線に誘致することが多々あります。特に有名なのが、東急が日吉駅前に誘致した慶應義塾大学です。西武鉄道も大学誘致には熱心で、早稲田大学の新キャンパスを所沢に誘致しています。

新京阪線の開業とロマンスカーの運転

京阪は淀川右岸に進出しましたが、昭和恐慌で裏目に出てしまいます。経営合理化のために新京阪鉄道を統合し、電力事業も売却。名古屋急行電鉄も白紙撤回しました。その一方で、ロマンスカーを運行するなど、鉄道事業には全力投球するようになりました。

路線網を拡大し現在の阪急京都線の一部も開通

　1925（大正14）年、京阪の社長は岡崎から太田に交代しました。太田体制の下、京阪は拡大戦略を進めます。そのひとつとして、京阪は淀川右岸への進出を試みます。右岸には、北大阪電気鉄道が十三〜豊津間に線路を敷いていました。ところが北大阪電鉄は、淀川を渡る橋梁建設費が捻出できずに線路を延ばせずにいたのです。京阪は地方鉄道法に準拠した新京阪鉄道を設立して、淀川右岸の線路建設に取り掛かりました。別会社を設立したのは、建設費がかさむことで京阪の経営に影響を与えないための方策でした。

　新京阪鉄道は設立と同時に北大阪電気鉄道を傘下に収め、1928（昭和3）年に天神橋（現・天神橋筋六丁目）〜京都西院（現・西院）間を開通させました。京阪は、さらに線路を東へと延ばし、名古屋まで進出する計画で

左／P-6形（のちの阪急デイ100）が描かれた沿線案内　右／季節の沿線案内　資料提供：関田克孝（2つとも）

恐慌の煽りを受けて関連会社を清算
鉄道事業に全力を尽くす

ロマンスカー600形を両運転台車にした700形　写真提供：関田克孝

した。別会社の**名古屋急行電鉄**を設立して線路敷設に取り掛かろうとしましたが、昭和恐慌の煽りから建設費が捻出できなくなったのです。また、京都から名古屋までの間は人口の多い都市が乏しく、名古屋まで線路を敷設しても採算が合わないことを理由に建設を断念しています。

元祖「ロマンスカー」を運転

　経営が苦しくなった京阪は、新京阪鉄道を吸収合併するとともに、和歌山の電力事業を売却するなど経営合理化に取り組みました。その一方で、京阪は1927（昭和2）年から急行用車両としてロマンスカーと呼ばれる1550形（のちの600形）を登場させます。当時、2人掛けの座席はロマンスシートと愛称がつけられ、利用者はロマンスシートのある列車をロマンスカーと呼んでいたのです。日本で初めてロマンスカーを運行した京阪ですが、1954（昭和29）年にテレビカーの運行を開始し、最近まで京阪特急＝テレビカーというのが定着していました。

> **マメ蔵　名古屋急行電鉄**……名古屋側の起点は熱田付近を計画していた路線です。鈴鹿山脈をトンネルで貫通することで東海道本線よりも距離を短縮できること、表定速度を時速80kmとする高性能電車の導入などで、天神橋〜熱田間を約2時間で運行することが想定されていました。

複々線化の推進と京阪神急行電鉄への統合

大阪～京都間で東海道本線とライバル関係にあった京阪は、すこしでも乗客を増やそうと運賃値下げを断行し、輸送力増強策として本線の高架複々線化を完成させました。しかし、戦時の交通統制で阪急と合併させられて、京阪神急行電鉄となったのです。

線路を改良しスピードアップ

　ロマンスカーを登場させて、乗客に好評を博した京阪は、一方で増え続ける京都～大阪間の乗客に対して嬉しい悲鳴をあげることになりました。乗客が多くなることは鉄道会社にとってありがたいことですが、きちんと乗客を運べなければ意味がないのです。

　京阪は輸送力を増強するために、線路の改良工事に着手します。路面電車から出発した京阪はカーブの多い線形でしたが、それらを改良して直線区間を増やしスピードを出せるようになりました。同時に高架化・複々線化も進めたのです。1933（昭和8）年には、蒲生（現・京橋）～守口（現・守口市）間の複々線高架化が完成しました。5km以上も複々線化されている区間は当時としては珍しく、私鉄では最長でした。

複々線といえば京阪の代名詞。完成した1933（昭和8）年当時、複々線区間がある私鉄は珍しかった　写真提供：河野孝司

私鉄最長の複々線を完成させても
電力事業を譲渡し収入源を失う

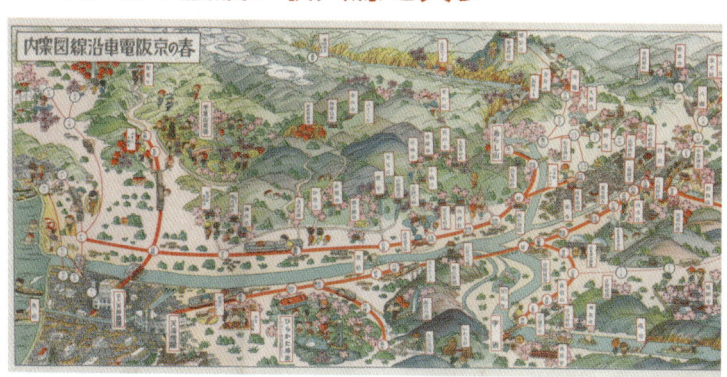

現・阪急京都線が新京阪線として掲載されていたときの沿線案内　資料提供：関田克孝

阪神急行と合併し京阪神急行が発足

　早い段階から複々線化に着手していた京阪の取り組みは、戦後も増え続ける乗客を輸送するのに役立ちました。まさに、将来を見据えた投資といえたのです。しかしそれはまだ先の話。

　1937（昭和12）年に日中戦争が勃発し、戦時色が濃くなると京都〜大阪間には軍需工場が多く立地するようになりました。それにともない、東海道本線や京阪電鉄本線の利用者は増加し、官鉄と京阪の間で乗客の奪い合いはさらに激化します。東海道本線は輸送力を増やすために電化をしますが、京阪は運賃の値下げで対抗しました。

　1942（昭和17）年に配電統制令が出たことで、京阪は電力事業を譲渡することになりました。収入源を失った京阪は、経営が苦しくなります。さらに、1943（昭和18）年には交通統制に基づいて、京阪は阪神急行（阪急）と合併させられます。当時の京阪は、阪急よりも経営規模が大きく、合併するなら京阪が母体になるのが当然のはずでしたが、京阪の経営状況は思わしくなく、阪急側からも反発されて合併協議は難航しました。間に入って話をまとめたのが、鉄道省管理局長の**佐藤栄作**でした。佐藤の仲介で、阪急が母体となって京阪を統合し、新たに京阪神急行電鉄が発足したのです。

> **マメ蔵**
> **佐藤栄作**……門司鉄道局を皮切りに、鹿児島本線二日市駅長などの現場経験を積んだ元内閣総理大臣です。鉄道省を退官後、1948(昭和23)年の第2次吉田内閣では議員ではないのに官房長官に抜擢されました。翌年、衆議院議員に初当選し、総理大臣退任後にはノーベル平和賞を受賞しています。

京阪神急行電鉄からの分離 進む戦後復興

交通統制によって誕生した京阪神急行電鉄は、戦後に分離することになりました。1949（昭和24）年に新会社となる京阪電鉄が発足しましたが、戦前は京阪系列だった新京阪線などは阪急側に残りました。そして、近鉄との間で奈良電をめぐる争いも起きました。

京都線・嵐山線・千里線は阪急へ

　終戦後、戦時体制強化の一環として強制的に統合させられていた私鉄は、次々と分離しました。京阪と阪急も例外ではありません。1949（昭和24）年、京阪は京阪神急行電鉄から分離する形で独立を果たします。新会社では、旧京阪で取締役を務めていた村岡四郎が社長に就任しました。

　京阪電鉄が再スタートをするにあたり、新京阪鉄道が建設した京都線や嵐山線なども京阪に戻すべきとの意見が旧京阪の幹部の間には根強くありました。しかし、ほかの京阪路線と接続しておらず十三駅で阪急に接続していること、路線の復旧費用が莫大になることなどを理由に京都線・嵐山線・千里線は阪急にそのまま残されました。

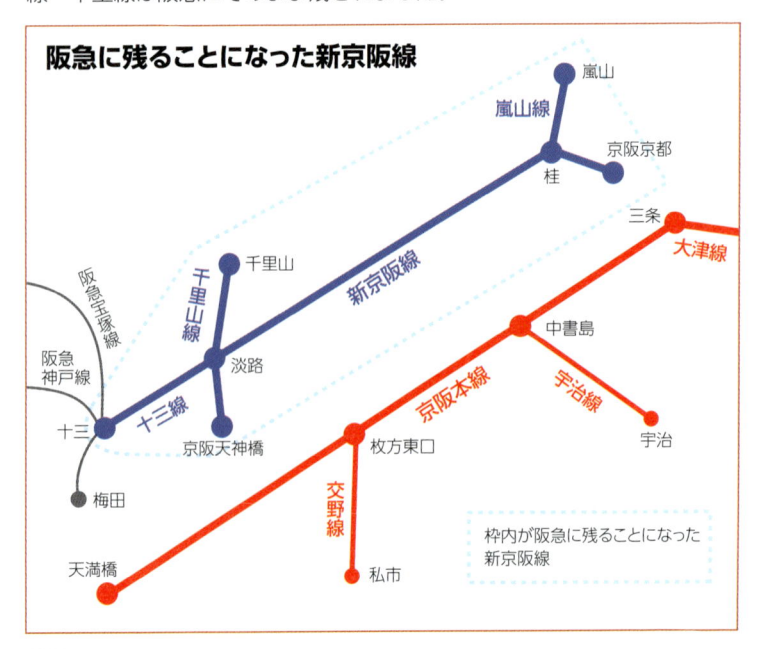

阪急に残ることになった新京阪線

（枠内が阪急に残ることになった新京阪線）

京阪と近鉄が株の買い占め合戦を行うも
奈良電気鉄道は近鉄の傘下へ

京阪に乗り入れた奈良電気鉄道(現・近鉄京都線)1000形　写真提供:辻本操

京阪は丹波橋から奈良電に乗り入れ

　他方、京都〜奈良間を結んでいた**奈良電気鉄道**(現・近鉄京都線)が経営難で苦しんでいました。奈良電は地元の資本家が設立した鉄道会社でしたが、京阪の初代社長・太田光熈も出資していたことから京阪と縁の深い関係にありました。経営難に際して、奈良電は京阪傘下に入ることを条件に支援を要請しましたが、京阪は経営状態が厳しいことを理由に拒否しています。それでも京阪と奈良電は丹波橋駅から相互乗り入れするなど良好な協力関係を保っていました。

　奈良電は京阪と協力関係を継続する一方で、大株主でもある近鉄とも協力関係にありました。そして、1961(昭和36)年頃から近鉄と京阪は奈良電を自社線にしようと株の買い占め合戦を行います。京阪と近鉄は互いに一歩も譲らなかったことから、元阪急社長で関西電力会長だった太田垣士郎が仲介に入りました。太田垣の仲介で奈良電は近鉄に組み込まれることで話がまとまります。奈良電は近鉄京都線になって以降も丹波橋駅で京阪との乗り入れをしていましたが、1968(昭和43)年に廃止されています。

> **マメ蔵**　**奈良電気鉄道**……京阪と大阪電気軌道(現・近鉄)が大株主となって設立された鉄道会社です。常に経営難状態でしたが、1940(昭和15)年には明治天皇の桃山御陵や橿原神宮への参拝者でに賑わいました。

輸送力の増強と車両の近代化

高度経済成長期の京阪沿線は宅地化が急速に進み、年々、乗客は増加しました。本線のキャパシティが限界に近づいたため、京阪は対応策として車両の改良などに着手します。そして、次々と斬新な列車を生み出しました。

特急電車の運転を開始

　高度経済成長期を迎えた日本の経済は、京阪間にも大きな影響を与えました。京阪沿線には大企業の工場などが多く立地し、サラリーマンが増えたことも相まって通勤需要は年々増加の一途をたどります。急激に増えた乗客をスムーズかつ大量に運ぶため、京阪では1950（昭和25）年から天満橋・京橋・七条・四条・三条にしか停車しない特急の運行を開始します。当初、特急は1日に上下合わせて4本の運行でしたが、好評を博したことから翌年からは終日にわたって運行されるようになりました。

　これを機に、京阪は特急に力を入れる方針を固めます。1952（昭和27）年には、今や京阪特急のシンボールマークとして長年愛され続けている鳩マークが特急車両に掲示されるようになりました。

七条に停車する1800系の特急　写真提供：辻本操

京阪伝統の特急の鳩マークが誕生
車両に新しい技術を注ぐ

伝統の特急マーク

スーパーカー、テレビカーの登場

　京阪は特急車両の性能向上への努力も怠りませんでした。カルダン駆動方式を採用した高性能電車や空気バネ台車などの開発をはじめ、回生ブレーキを常用化した2000系も誕生させました。2000系は加減速性能が飛躍的に向上したことから、"スーパーカー"の愛称で沿線住民から親しまれることになりました。

　これら京阪が新しい車両に注ぎ込んだ技術は、優れた技術であったことから、ほかの鉄道各社もこぞって導入したのです。これらの技術が開発されてから現在まですでに50年近くを経ていますが、それでも旧時代の技術にはなっていません。今でも最先端テクノロジーであり、現役車両に採用されています。京阪は、車両開発のトップランナーでもあったのです。

　さらに京阪特急の目玉ともなる車両が1954（昭和29）年に登場します。それがテレビカーです。当時、テレビは各家庭に普及しておらず、電車でテレビが視聴できるサービスは画期的でした。テレビカーは、瞬く間に京阪を代表する特急車両になりました。

　時代とともにテレビが普及したこともあり、テレビカーは2013（平成25）年に全車が京阪から引退しました。現在は初代3000系が**富山地方鉄道**で活躍しています。

> **マメ蔵**
> **富山地方鉄道**……富山市から温泉地・宇奈月や観光地・立山などを結んでいる地方私鉄です。西武鉄道のレッドアローや東急電鉄で活躍した車両なども現役で運行しています。路面電車に力を入れている事業者としても知られています。

沿線開発の促進と百貨店業への進出

京阪神急行電鉄から分離独立した京阪は、新京阪線が阪急に残ったこともあり、手元に残った路線を最大限に活用する方法を模索します。そこで出てきたアイデアが、沿線開発や他業種への進出だったのです。

成田山不動尊は京阪の守り神

　京阪は大正期から宅地開発を進めていましたが、思うように進んでいませんでした。京都と大阪という明治期からの二大都市間にありながら、宅地開発が進まなかった理由は定かではありません。そのため、京阪社内でも「大阪の鬼門（北東）にあたるから縁起が悪いのでは？」という風説が真実味を帯びて語られるほどでした。

　そうした悪評を取り除くため、京阪経営陣は香里園に成田山不動尊を誘致しました。以降、成田山不動尊は京阪の守護神となり、車内には成田山不動尊のお札が貼られるようになります。それだけではなく、京阪の役員が成田山の信徒総代を代々務めています。それほど、京阪は成田山不動尊の力を必要としていました。

　戦後、京阪の宅地開発は進展を見せますが、その中でも香里園の発展は目を見張るものがありました。香里園は地元の有力者・南源平が、阪急沿線にあった香櫨園遊園地を視察したときに感銘を受けて命名しました。そうした経緯から遊園地がつくられます。京阪は、香里園で菊人形展を開催して集客を図りました。以降、開催場所を変えながらも、菊人形展は京阪の風物詩的イベントとして定着しました。

車内に貼られている成田山不動尊のお札。京阪の守護神と呼んでもおかしくない　写真提供：坪内政美

**大規模な商業ビルを運営し
沿線には百貨店や
ショッピングセンターを展開**

上／天満橋の「京阪シティモール」は、天満橋駅から電車を降りてすぐ 右／京阪が住宅分譲に成功した「ローズタウン」 写真提供：河野孝司（2枚とも）

「ローズタウン」ブランドでニュータウンを造成

　遊園地がつくられた香里園は、その一方で京阪を代表する住宅地としても発展しました。香里園の住宅分譲の成功を機に、京阪は「ローズタウン」ブランドでニュータウンを次々と造成したのです。そして、京阪の沿線開発で重要な節目となったのが、1963（昭和38）年です。この年、京阪は大阪側の起点を淀屋橋駅まで延伸させることに成功しました。淀屋橋駅は大阪市中心部にあることから、京阪は淀屋橋延伸を機に不動産活用で沿線開発をしようと考え、大規模商業ビル事業にも参入することにしました。

　これら商業ビル運営のノウハウは、1972（昭和47）年に樟葉駅前にオープンした「くずはモール街」（現・KUZUHA MALL）で活かされることになります。また、1985（昭和60）年には、守口市駅前に京阪初となる百貨店・京阪百貨店がお目見えするなど、着々と京阪の不動産事業は拡大していきました。

> **マメ蔵** KUZUHA MALL……日本初の広域型ショッピングセンターと言われた「くずはモール街」は、2005（平成17）年にリニューアルされて「KUZUHA MALL」になりました。京阪百貨店を中心にイズミヤやダイエーといった大型店、専門店が揃っています。

念願の鴨東線の開業と輸送力の改善

三条駅と出町柳駅とを結ぶ鴨東線は、京阪本線とほとんど一体化しているにもかかわらず、別々の路線名になっています。それは建設された経緯が異なっているからです。わずか2.3kmの短い区間ですが、鴨東線の開業は京阪にとって大きな意味がありました。

敷設免許を譲渡してもらい洛北方面に進出

　1910（明治43）年に開業した京阪本線は、京都側の起点は五条駅（現・清水五条）でした。1915（大正4）年には、三条まで北進します。長年、京阪は三条をターミナルとしていましたが、三条駅よりさらに北へと線路を延伸することを諦めていたわけではありません。戦前、三条〜出町柳間は、京都電燈が線路の建設を計画していました。京都電燈は配電統制令により1942（昭和17）年に解散させられ、以降は後継会社となった京福電気鉄道が線路敷設免許を保有していました。京阪にとって洛北方面への進出は長年の悲願であり、社長に就任した**村岡四郎**はその実現を公約にしていました。そこで、京阪は京福電鉄が保有している三条〜出町柳間の免許に目をつけたのです。

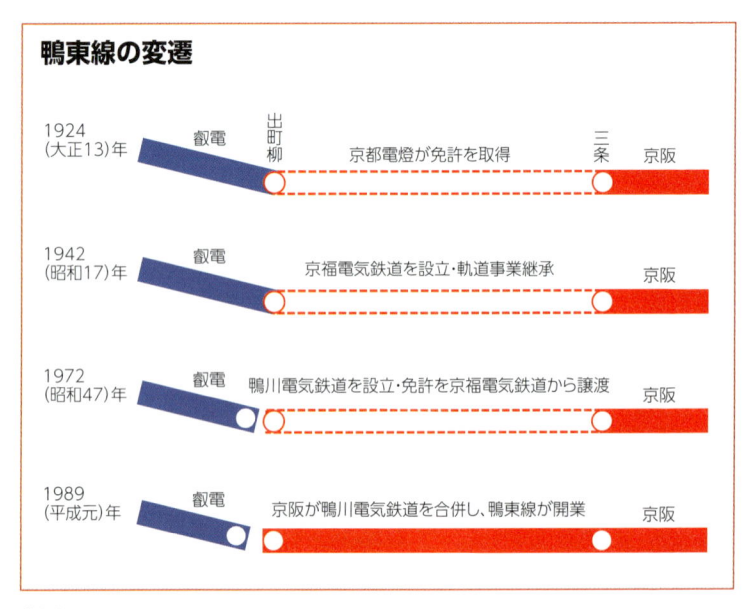

鴨東線の変遷

1924（大正13）年 叡電｜出町柳　京都電燈が免許を取得　三条｜京阪

1942（昭和17）年 叡電｜出町柳　京福電気鉄道を設立・軌道事業継承　京阪

1972（昭和47）年 叡電　鴨川電気鉄道を設立・免許を京福電気鉄道から譲渡　京阪

1989（平成元）年 叡電　京阪が鴨川電気鉄道を合併し、鴨東線が開業　京阪

鴨東線は予想を上回る利用者に長い編成の電車で対応

利用者の増加で特急は現在8両編成で運行し、中ほどにはダブルデッカーを連結
写真提供：坪内政美

　京阪は、まず鴨川電気鉄道という子会社を設立して、京福から線路の敷設免許を鴨川電鉄に譲渡してもらいました。敷設免許に基づき、鴨川電鉄は三条～出町柳間を建設。工事を終えると、京阪は鴨川電鉄を吸収合併して自社線に組み込んだのです。

終点の出町柳では叡山電鉄に連絡

　鴨東線の終点となる出町柳には、叡山電鉄の出町柳駅があります。当初の計画では、叡山電鉄の線路と鴨川電鉄の線路もドッキングさせて、京阪の電車を乗り入れさせることが想定されていました。しかしこれは実現せずに現在に至っています。

　鴨東線の開業に合わせて、本線・鴨東線を走る特急はすべて7両編成へと切り替えられました。これは出町柳付近には大学がたくさん立地していたこともあり、鴨東線の利用者は急増することが予想されたからです。長大編成化したことで大量輸送が実現し、増え続ける京阪利用者をスムーズに運ぶことができるようになったのです。

　しかし、利用者は、京阪の予想をはるかに上回って増えました。そのため、京阪では1998（平成10）年には、本線・鴨東線の特急をすべて8両編成にする対応を迫られました。

> **マメ蔵　村岡四郎**……京阪神急行電鉄から独立した際の初代社長。テレビカーの発案、淀屋橋駅や出町柳駅までの延伸、くずはモールの開発など、戦後京阪における村岡が残した功績は大きいものがあります。天満橋駅の地下線入り口には、村岡揮毫による「先覚志玆成」の額が掲示されています。

サービスの拡充と中之島線の開業

京阪の利用客数は右肩上がりに増えて、1990(平成2)年には年間旅客輸送量が4億人を超えました。翌年も増えて京阪史上最高記録を更新。しかし、それ以降は減少の一途をたどります。そこで京阪は、巻き返しを図るためにサービスの充実を目指しました。

減少した旅客輸送を回復するためにサービスを充実

　京阪は1991(平成3)年に旅客輸送量過去最高の4億1,997万人を記録しました。営業収益は500億円台となり、経営は順風満帆でした。ところが、翌年から旅客輸送量は減少に転じます。減少した理由は、バブルの崩壊による景気の悪化、少子高齢化、モータリゼーションの発達などが考えられますが、もっとも大きな要因は競合路線のJRが新快速のスピードアップと超大編成化を実行したことでした。JRの新快速は京阪から客を奪う形となり、京阪はスピードで対抗するのではなく、沿線での集客に力を入れる方針で特急の停車駅を増やす方向に転換しました。

　これを機に、京阪ではさらなるサービスの充実に舵を切ることになります。1998(平成10)年には、京阪特急で好評を博していたダブルデッカー車を全編成に連結するようになりました。

ダブルデッカーは好評で、8000系の全編成に組み込まれた　写真提供：河野孝司

京都競馬場のレース予想や「おけいはん」でイメージアップを図る

上・右・下／「おけいはん」の中吊りや壁面、コンコースの広告　写真提供：河野孝司（3枚とも）

誰も思いつかないような新しいサービスを実施

　沿線に京都競馬場があることを踏まえて、1999（平成11）年には京都競馬開催日に臨時列車「淀快速ターフィー号」を運行し、車内で競馬専門紙記者がレース予想の解説をするという珍しいサービスを実施しています。"京阪のる人、おけいはん。"というキャッチコピーとイメージキャラクターによるイメージアップも2000（平成12）年から始められました。いまや"**おけいはん**"は、関西一円ですっかりお馴染みになりました。

　サービス充実を図る一方で、京阪は大阪市の文化・ビジネスの中心地といわれる中之島エリアに上下分離方式の新線を建設しました。中之島線は2008（平成20）年に開業し、将来的には延伸する計画も検討されています。

> **マメ蔵**　**おけいはん**……イベントに出演したりCMやポスターのイメージキャラクターとして京阪をPRするのが役割です。初代から現在の5代目まで、京阪沿線にゆかりある地名を苗字につけています。5代目"おけいはん"は、一般公募で選出されました。

21世紀の京阪電気鉄道

関西の大手私鉄で唯一プロ野球チームを保有したことがなく、タカラヅカといった華やかなエンターテインメント事業もなく、伊勢神宮や高野山のような全国区の寺社仏閣も京阪にはありません。地味に映りがちな京阪は、未来像をどう描いていくのでしょうか？

京都市営地下鉄東西線と片乗り入れを開始

　1997（平成9）年、京都市営地下鉄東西線の醍醐～二条間が開業して、区間が重複している京阪の御陵～京津三条間が廃止されました。これにより、京津線の電車は、地下鉄を介して京都市役所前までの乗り入れを開始しました。

　その後、2008（平成20）年には東西線は太秦天神川まで延伸します。それにともなって、京津線の乗り入れも太秦天神川まで延長されています。しかし、地下鉄は山科から醍醐方面に運転されるため、京阪の片乗り入れ状態になっています。

　京津線は併用軌道でありながら、4両編成の長大な電車が運行する日本

京都市営地下鉄東西線に乗り入れる京津線の800系　写真提供：坪内政美

地下鉄に乗り入れても利用者が減少
大津線はさまざまな振興策が必要

路地裏から電車が現れる京津線。いつまでもこの景観を残したいもの
写真提供：河野孝司

でも珍しい区間です。そうした珍しい風景は鉄道ファンからは人気がありますが、スピードが出せないことや安全面で不安要素になっていることから、これ以上の電車の長大編成化が進められないという難点があります。

大津線の生き残りを模索

　そうした事情などもあり、京津線のみならず石山坂本線を含む大津線の沿線開発は進んでいません。その結果、大津線の利用者数は地下鉄に乗り入れされて利便性が高まった後でも利用者が減少を続け、廃線の噂もちらほら聞かれるようになりました。

　京阪では、大津線を子会社として分離独立させるなどの生き残り策を模索していますが、いまのところ有効な乗客数回復の手立ては見えていません。

　近年、滋賀県は京都府や大阪府に通勤する"**滋賀府民**"のベッドタウンとして急速に人口が増加しています。滋賀県では、大津線を都市内大量公共交通輸送機関と位置づけ維持・活性化に努めるとしています。現状では、大津市が打ち出している政策はパークアンドライドぐらいですが、今後は京都市などとも連携して、京都市営地下鉄との相互乗り入れなど、さまざまな振興策が打ち出されるかもしれません。

> **マメ蔵**　**滋賀府民**……京都府・大阪府には大企業が多くありJRの新快速なら1時間も要しないことから、滋賀県に在住して京都・大阪に通勤するビジネスマンが近年になって急増しました。JR東海道本線には新駅がつくられ、駅前に高層マンションが立ち並んでいます。

6章● 京阪電気鉄道の歴史

Index

英数字

2代目80形	148
5扉	116
50形	18
60形	18・144・201
100形	142
200形	142
260形	146
300形	142
500形	142
600形	128・140・147
700形	126・147
800系	19・124
1000形	138
1000系	122
1100形	138
1700系	136
1800系	134
1810系	132
1900系	132
2200系	120
2400系	121
2600系	118
3000系	19・106・151
5000系	19・116
6000系	114
7000系	112
7200系	109・113
8000系	19・102・151
8000系30番台	131
9000系	110
10000系	108
13000系	104
ATS	192
JR湖西線	47・86
JR東海道本線	37・47・86
JR奈良線	37・78
K特急	29
Nゲージ	178
SANZEN-HIROBA	8・171
VVVF	108・110・112

あ

アクアライナー	158
アンスリー	172
石山坂本線	20・23・46・88・90・92・129
石山寺	23・25・46・90
石山寺駅	25・90
一般車	113
一方向き固定クロスシート	111
宇治駅	23・78
宇治川橋梁	35
宇治線	42
宇治茶	79
梅田線	50
叡山電鉄	84・215
江戸川乱歩	63
エレガント・サルーン	103
延暦寺	23・25・47・92
オイトコ	177
鴨東線	30・36
黄檗駅	24
逢坂山トンネル	45・154
大井川鐵道	185
大阪国際会議場	39・60
大阪マーチャンダイズ・マートビル	56
大阪モノレール	32・67
太田光熙	201
大津線	47・89・98・128
おおつ光ルくん	89
岡崎邦輔	197
おけいはん	156・217
おけいはんポイント	188
雄琴温泉	161
男山ケーブル	24・35・48
男山山上	48

か

回生ブレーキ	18
快速急行	28・62
快速特急	29・71
交野線	40
片持ち式ロングシート	105
門真市駅	66

門真のレンコン	67
上栄町駅	25
賀茂川堤	85
萱島駅	21
元祖守口大根	63
祇園四条駅	24
私市駅	25・72
北大阪電気鉄道	202
北浜駅	55
木津川橋梁	35・155
急行	28・55・63・200
京街道	22
京都競馬場	25・217
京都御所	24
京都市営地下鉄東西線	44
京都センチュリーホテル	164
京都第二タワーホテル	164
京都タワーホテル	164
京都タワーホテル アネックス	164
京橋駅	25・58
近鉄京都線	36・209
空気バネ	16・18
区間急行	28
樟葉駅	74
くずはモール	6・34・74・170・213
くずはローズタウン	74・175
グッドデザイン賞	19・78
京津線	20・44・88・124
京津電気軌道	44・199
京阪エージェンシー	182
京阪園芸	176
京阪シティモール	56・213
京阪神急行電鉄	207
京阪電気鉄道	3・197
京阪バス	34・162
京阪百貨店	62・170
京阪枚方ステーションモール	33
京阪本線	22・30・32・34・36・76・82
京阪山科駅	86
香里園駅	24
香里遊園地	33
コスメル。	99
コンフォート・サルーン	107

さ

坂本駅	25・92
坂本ケーブル	92
坂本龍馬	76
佐藤栄作	207
三十三間堂	24
三条駅	82
三線軌条	46
滋賀府民	219
色灯三位式自動閉塞信号機	16
シティ・コミューター	105
四宮車庫	99
下鴨神社	24
ジューサーバー	166
準急	28・55・63
償還型上下分離方式	38
初代500形	142
初代600形	129・140
初代3000系	130
新京阪線	50・136・138・208
深夜急行	28
水上バス	158
スーパーカー	118・211
スラッシュ・ムーン	104
瀬田唐橋	46
セミクロスシート	106・110
千林商店街	31

た

ダイエー	31
大学町	203
高野川堤	85
多扉車	116
ダブルデッカー	103・131
丹波橋駅	80
地域限定メニュー	167
地方鉄道法	40
中書島駅	24・76
通過標識灯	28
通勤快急	28
通勤準急	28
ツタヤ発祥の地	71
定速度制御装置	131
鉄道友の会	115
出町柳駅	24・84・214
寺田屋	76
テレビカー	16・130・133・135・211
転換クロスシート	102・106・130・140

天満橋駅	22・25・56・59
土下座像	83
特急	28・55・210
友呂岐緑地	69
富山地方鉄道	211
トラス橋	155

な

中之島駅	21・60
中之島高速鉄道	38
中之島線	21・29・30・38
名古屋急行電鉄	50・205
なにわ橋駅	21
奈良電気鉄道	209
成田山不動尊	24・33・49
錦織車庫	98
西三荘駅	22・64
寝屋川市駅	68
寝屋川車庫	32・94
寝屋川信号所	30・32

は

バスロケーションシステム	163
八軒家浜船着場	57・158
パナソニック	31・32・64
パナソニックミュージアム	65
発車メロディ	3
鳩マーク	211
浜大津駅	88
張上げ屋根	132
バリアフリー	108
阪急電鉄京都本線	136
バンパー	132
ビガール	166
平等院	24・43
枚方市駅	70
ひらかたパーク	16・25・33・168
琵琶湖	46・160
びわこ号	8・95・144
琵琶湖疏水	199
琵琶湖ホテル	165
複々線	31・32
伏見稲荷大社	37
伏見桃山駅	80
伏見桃山陵	36

普通	28・55
不要不急路線	48
プラグ・イン	173
プラレール	179
星のブランコ	73
ホテル京阪 浅草	165
ホテル京阪 京都	164
ホテル京阪 京橋	164
ホテル京阪 札幌	165
ホテル京阪 天満橋	164
ホテル京阪 ユニバーサル・シティ	164
ホテル京阪 ユニバーサル・タワー	164

ま

松下幸之助	32・65
ミシガン号	160
三栖閘門資料館	24・35
御堂筋線	55
向谷実	2・54・56・58・62
村岡四郎	214
麺座	167
守口市駅	62

や

山科疏水	87
八幡市駅	24
淀車庫	35・96
淀城	96
淀屋橋	55
淀屋橋駅	20・25・54・56

ら

流線形	128・138
連接車	18・201
ローズタウン	213
ローズプレイス宇治三室戸	174
ローレル賞	19
ロテル・ド・比叡	165
ロマンスカー	140・205
ロングシート	110・120・138

参考資料

鉄道ファン 各号
交友社

鉄道ジャーナル 各号
鉄道ジャーナル社

鉄道ピクトリアル 各号
電気車研究会

Rail Magazine 各号
ネコ・パブリッシング

鉄道要覧〈平成25年度〉
国土交通省鉄道局 監修
電気車研究会、鉄道図書刊行会　2013

日本鉄道旅行地図帳 各号
新潮社　2008〜2009

鉄道車輌ガイドVOL.17 京阪大津線の小型車たち
ネコ・パブリッシング　2014

路面電車の走る街(12) 京阪電気鉄道・福井鉄道
講談社　2014

京阪電気鉄道完全データDVD BOOK
メディアックス　2013

日本の私鉄　京阪電気鉄道
広岡友紀 著
毎日新聞社　2011

京阪ロマンスカー史〈上〉〈下〉
プレスアイゼンバーン　2010

週刊歴史でめぐる鉄道全路線No.18 大手私鉄 京阪電気鉄道
曽根悟 監修
朝日新聞出版　2010

京阪バス
BJエディターズ　2010

鉄道の音
向谷実 著
アスキー・メディアワークス　2009

京阪特急
沖中忠順 編著
JTBパブリッシング　2007

日本の私鉄　京阪
井上廣和、藤原進 著
保育社　1999

滋賀県謎解き散歩
中井均 編著
中経出版　2013

歩く地図 京都散歩 2014年版
成美堂出版　2013

大阪観光
京阪神エルマガジン社　2013

京阪線歴史散歩
加来耕三 著
鷹書房　1988

京阪電気鉄道株式会社　KEIHAN

関西に拠点を持つ大手私鉄で、大阪府、京都府、滋賀県に合計91.1kmの路線網を有する。会社名は大阪と京都の中心部を結ぶことにちなみ、沿線には成熟した閑静な街並みが広がる。関連会社49社とともに京阪グループを形成、運輸業に加えて観光業、流通業、各種サービス業などを展開し、関西地方の経済・文化のリーディングカンパニーとして君臨している。開業は1910(明治43)年、天満橋(大阪)～五条(京都)間を一気に開業させている。その後も、京津電気軌道の合併、京阪間のバイパス路線・新京阪線の敷設など路線網拡充が進められた。1943(昭和18)年に京阪神急行電鉄(現・阪急電鉄)と合併するが、1949(昭和24)年に旧京阪系の路線を中心に京阪電気鉄道として分離。戦後は独自の設計コンセプトによる斬新な車両を続々と登場させ、鉄道ファンの高い支持を獲得している。2012年3月期の資本金は514億6,641万6,776円、売上高は2,656億2,900万円(連結)。

装丁：一瀬錠二(Art of NOISE)
編集協力：株式会社 天夢人(町田てつ、松浦賢太郎、林要介、河野孝司)、小関秀彦
執筆：杉浦博道、松尾諭、小川裕夫、杉田一馬、河野孝司
本文デザイン＋図版：山本図案工房
写真提供：株式会社音楽館、RGG、株式会社マイクロエース、坪内政美、関田克孝、杵屋栄二、辻本操、中西進一郎、高松大典、三沢学、河野孝司、河野美斗

京阪電鉄のひみつ

2014年4月25日　第1版第1刷発行

編　者——PHP研究所
発行者——小林成彦
発行所——株式会社PHP研究所
　　　　　東京本部：〒102-8331　千代田区一番町21
　　　　　　　　　　生活教養出版部　☎03-3239-6227(編集)
　　　　　　　　　　普及一部　　　　☎03-3239-6233(販売)
　　　　　京都本部：〒601-8411　京都市南区西九条北ノ内町11
PHP INTERFACE　http://www.php.co.jp/
印刷・製本所——図書印刷株式会社

©PHP Institute, Inc. 2014 Printed in Japan
落丁・乱丁本の場合は弊社制作管理部(☎03-3239-6226)へご連絡ください。
送料弊社負担にてお取り替えいたします。
ISBN978-4-569-81827-6